Inhalt

Steinzeit

Autorinnen: Waltraud Boes, Nicole Geißler

Ägypten

Autorinnen: Waltraud Boes, Nicole Geißler

Die **Autorinnen**:

Waltraud **Boes** ist Förderschullehrerin an einer Förderschule für soziale Entwicklung im Saarland sowie Unterrichtsentwicklungsberaterin.

Nicole **Geißler** ist Förderschullehrerin an der Staatlichen Förderschule soziale Entwicklung in Saarbrücken. Sie begleitet als Klipperttrainerin Programmschulen und führt Lehrerfortbildungen am Landesinstitut für Pädagogik und Medien durch.

Abkürzungen und Siglen

LS = Lernspirale
LV = Lehrervortrag
EA = Einzelarbeit
PA = Partnerarbeit
GA = Gruppenarbeit
PL = Plenum
HA = Hausarbeit / Hausaufgabe
L = Lehrerin oder Lehrer
S = Schülerinnen und Schüler

In den Erläuterungen zur Lernspirale wird für Lehrerinnen und Lehrer bzw. Schülerinnen und Schüler ausschließlich die männliche Form verwendet: Dabei ist die weibliche Form stets mitgemeint.

Lerneinheit 1: Steinzeit

Der Lern- und Arbeitsprozess

A Vorwissen und Voreinstellungen aktivieren

LS 01 Auf den Spuren der Steinzeitmenschen – die Arbeit der Archäologen
▶ Infotext lesen ▶ Aussagen zum Text auf Richtigkeit überprüfen ▶ im Lerntempoduett Lösungen vergleichen ▶ in Zufallsgruppen ein Archäologenspiel durchführen ▶ Funde im Museumsgang präsentieren ▶ inhaltliche und methodische Aspekte anhand eines Feedbackbogens reflektieren

LS 02 Eine Zeitleiste erstellen
▶ nicht in die Steinzeit gehörende Gegenstände auf einem Bild identifizieren und markieren ▶ mit Zufallspartner Ergebnisse besprechen ▶ Lösung am OHP präsentieren ▶ Sachtext lesen ▶ Bilder in Zeitleiste einordnen ▶ Zeitleiste an Tafel präsentieren ▶ Arbeitsmethode reflektieren

B Neue Kenntnisse und Verfahrensweisen erarbeiten

LS 03 Stationenrallye: Tiere der Steinzeit
▶ Infotext an zugelosten Stationen lesen ▶ Tiersteckbriefe erstellen ▶ Steckbriefe im Plenum präsentieren ▶ Feedback zur Präsentation geben

LS 04 Waffen und Jagdmethoden
▶ Sachtext lesen ▶ Waffennamen unterstreichen ▶ Bilder beschriften ▶ Lösungen mit Zufallspartner vergleichen ▶ Herstellung einer Waffe beschreiben ▶ Arbeitsergebnisse an der Tafel präsentieren ▶ Präsentationen ergänzen und korrigieren ▶ drei verschiedene Jagdmethoden im Gruppenpuzzle erarbeiten ▶ in Expertengruppen Bilder zu Jagdmethoden gestalten ▶ Jagdmethoden in Stammgruppen vorstellen ▶ Gruppenpuzzle als Arbeitsmethode reflektieren

LS 05 Kinder in der Steinzeit
▶ Aktivitäten von Steinzeitkindern in einem Wimmelbild erkennen und nummerieren ▶ Ergebnisse mit Zufallspartner besprechen ▶ eine Stichwortsammlung erstellen ▶ eine Bildergeschichte entwickeln ▶ Bildergeschichten im Galeriegang präsentieren

LS 06 Wohnen in der Steinzeit
▶ Satzstreifen passenden Bildern zuordnen ▶ Zuordnungen mit Schulterpartner vergleichen ▶ Satzstreifen aufkleben ▶ Modell eines Sommer- oder Winterlagers aus Natur- und Bastelmaterial konstruieren ▶ Modelle im Rahmen einer Vernissage präsentieren

LS 07 Werkzeuge in der Steinzeit
▶ Bilder betrachten ▶ Ideen zur Nutzung von Steinen als Werkzeug entwickeln ▶ im Doppelkreis Ideen vorstellen ▶ Sachtext lesen und wichtige Informationen markieren ▶ Tipps zur Plakatgestaltung besprechen ▶ Plakat gestalten ▶ Plakate im Galeriegang präsentieren ▶ Feedback geben ▶ Plakate überarbeiten

C Komplexe Anwendungs- und Transferaufgaben

LS 08 Kleidung in der Steinzeit
▶ Sachtext lesen ▶ Kleidungsstücke aus der Steinzeit auf einer Abbildung identifizieren und benennen ▶ Stafettenpräsentation der Ergebnisse ▶ steinzeitliche Kleidungsstücke fertigen ▶ eine Modenschau vorbereiten und durchführen

LS 09 Höhlenmalerei
▶ Bild betrachten ▶ Sachtext lesen ▶ Spickzettel erstellen ▶ Informationen im Doppelkreis weitergeben ▶ Maltechniken erproben ▶ Arbeitsprozess reflektieren ▶ im Kinositz präsentieren

Lerneinheit 2: Ägypten

Der Lern- und Arbeitsprozess

A Vorwissen und Voreinstellungen aktivieren

LS 01 **Geografische Lage**
▶ Erdteile auf einer Landkarte ausmalen und beschriften ▶ Lösungen mit Zufallspartner vergleichen ▶ am Overheadprojektor präsentieren ▶ Text lesen und Schlüsselbegriffe markieren ▶ Namen von Städten und Sehenswürdigkeiten in der Landkarte eintragen ▶ Stafettenpräsentation

LS 02 **Eine Zeitleiste erstellen**
▶ Text lesen ▶ Jahreszahlen unterstreichen und Bildern zuordnen ▶ Ergebnisse an der Tafel präsentieren ▶ Zeitleiste gestalten ▶ Ergebnisse im Galeriegang präsentieren

B Neue Kenntnisse und Verfahrensweisen erarbeiten

LS 03 **Der Nil und seine Bedeutung für die ägyptischen Bauern**
▶ Sachtext zu den drei Jahreszeiten erarbeiten ▶ Informationen markieren ▶ Spickzettel erstellen ▶ Jahreszeitenkreis gestalten ▶ Jahreszeitenkreise im Plenum präsentieren ▶ Schülerarbeiten anhand eines Bewertungsbogens beurteilen

LS 04 **Der Pharao**
▶ Bild-Text-Zuordnung ▶ Selbstkontrolle ▶ in Gruppenarbeit Quizfragen entwickeln ▶ Quiz im Plenum durchführen ▶ Methodenreflexion

LS 05 **Götter**
▶ Lückentext ergänzen ▶ Ergebnisse mit Zufallspartner vergleichen ▶ vervollständigten Text satzweise im Plenum vortragen ▶ Steckbriefe in arbeitsteiliger Gruppenarbeit erstellen und auf Overheadfolie übertragen ▶ Steckbriefe am Overheadprojektor vorstellen ▶ Steckbriefe der anderen Gruppen auf Vordrucke übertragen

LS 06 **Hieroglyphen**
▶ Lehrervortrag mit Präsentation der Bildzeichen an der Tafel ▶ Bildzeichen ihren Bedeutungen zuordnen ▶ Ergebnisse mit Schulterpartner vergleichen ▶ Ergebnisse an der Tafel präsentieren ▶ Anleitung zur Gestaltung von Namenskartuschen lesen ▶ in der Gruppe austauchen ▶ Kartuschen ausfüllen ▶ Kartuschen nach Zufallsprinzip entziffern und vorlesen

LS 07 **Schule im Alten Ägypten**
▶ Bild betrachten ▶ Lehrervortrag ▶ Text lesen ▶ Aussagen zum Text auf Richtigkeit überprüfen und markieren ▶ im Doppelkreis austauschen ▶ in Gruppenarbeit Fragen zum Interview ergänzen ▶ Interview als szenisches Spiel einüben ▶ szenisches Spiel vorführen ▶ Methodenreflexion

LS 08 **Kinderspiele im Alten Ägypten und heute**
▶ Bildkarten ausschneiden und in Tabelle einordnen ▶ Einordnung in Zufallsgruppe vergleichen ▶ Ergebnisse an der Tafel präsentieren ▶ Spielaktivitäten von heute auflisten ▶ Spielaktivitäten in drei Kategorien einteilen und auf farbig sortierten Kärtchen notieren ▶ Stafettenpräsentation an Wandzeitung ▶ Wandzeitung ins Heft übertragen ▶ ausgewählte Aktivitäten illustrieren

C Komplexe Anwendungs- und Transferaufgaben

LS 09 **Mumien**
▶ Lehrervortrag ▶ Sachtext lesen und Fragen dazu beantworten ▶ Ergebnisse im Doppelkreis besprechen ▶ Texte lesen und den Bildern des Mumienfächers zuordnen ▶ Zuordnung an Tafel präsentieren ▶ Mumienfächer basteln ▶ Mumienfächer kolorieren

LS 10 **Pyramiden**
▶ Einführung in Ablauf der Stationenrallye ▶ Stationen bearbeiten ▶ Stabilität von Würfel und Pyramide vergleichen ▶ Experiment zum Einsatz von Hebeln durchführen ▶ Experimente zum Transportieren von Lasten durchführen ▶ Pyramide aus Bauklötzen bauen ▶ Besonderheiten der Cheops-Pyramide entdecken ▶ Ergebnisse an den Stationen präsentieren

Hinweis zum Zeitansatz

Eine Lernspirale ist für 90 (45) Minuten konzipiert.

Je nach Größe und Leistungsstärke der Lerngruppe muss der Zeitansatz, der im Stundenraster für jeden Arbeitsschritt ausgewiesen ist, entsprechend angepasst werden.

Beispiel zum Aufbau der Lernspiralen

LS 01.M2

Verweis auf die Lernspirale und das Material

Verweis auf die Aufgabe in der Kopiervorlage **A3**

		Zeit	Lernaktivitäten	Material	Kompetenzen
1	EA	10′	S füllen einen Steckbrief aus.	M1.A1	– Stichpunkte machen – Fragen in vollständigen Sätzen beantworten – Aussagen über die eigene Person formulieren
2	PL / PA	5′	S führen beim Spiel *music stop* Kennenlerndialoge und benutzen dabei zunächst Fragekärtchen als Hilfestellung.	M1.A2, M2	
3	PL / PA	5′	S setzen das Spiel ohne Fragekärtchen fort.		
4	EA	5′	S bereiten einen Kurzvortrag über sich vor.	M1.A3	
5	GA	15′	Simultanpräsentation: S stellen sich in Gruppen vor.		
6	PL	5′	Zwei S stellen sich vor der Klasse vor.		

Arbeitsschritte

Unterschiedliche Sozialformen

Hinweise zum Zeitbedarf

Vielfältige Lernaktivitäten und Methodenanwendungen der Schüler

Verweis auf das Material und die Aufgaben in den Kopiervorlagen

Kompetenzen, die die Schüler erwerben können

Notizen:

LS 01 Auf den Spuren der Steinzeitmenschen – die Arbeit der Archäologen

		Zeitrichtwert	Lernaktivitäten	Material	Kompetenzen
1	PL	5′	L gibt einen Überblick über den Ablauf der bevorstehenden Stunde.		- sinnentnehmend lesen - Aussagen auf ihre Richtigkeit überprüfen - eigene Meinung begründet vertreten - andere Meinungen überprüfen und zulassen - konstruktiv diskutieren - zielgerichtet arbeiten und kooperieren - Entscheidungen treffen - Arbeitsergebnisse im Rahmen eines Museumsrundgangs präsentieren - Feedback geben und empfangen
2	EA	15′	S lesen Infotext und überprüfen zentrale Aussagen auf ihre Richtigkeit.	M1.A1–2	
3	PA	10′	S vergleichen ihre Lösungen im Lerntempoduett.	M1	
4	GA	30′	S führen in Zufallsgruppen ein Archäologenspiel durch, indem sie aus einer mit Sand gefüllten Kiste Fundstücke ausgraben, sortieren und nach Möglichkeit zusammensetzen.	M2.A1–4 Ausgrabungskiste, Werkzeuge	
5	PL	15′	S präsentieren ihre Funde im Rahmen eines Museumsrundgangs.	Fundstücke	
6	PL	15′	S reflektieren anhand eines Feedbackbogens inhaltliche und methodische Aspekte.	M3.A1–2	

Erläuterungen zur Lernspirale

Ziel der Doppelstunde ist die Annäherung an die Arbeit der Archäologen als Schlüssel zu Informationen über unsere Vorfahren und deren Lebensweise. In einem mehrstufigen Arbeitsprozess setzen sich die Schüler zunächst für sich alleine und dann im Lerntempoduett mit einem einführenden Text auseinander. Im Anschluss erhalten sie die Gelegenheit innerhalb einer Gruppenarbeit ein Archäologenspiel durchzuführen, das sie die Aufgaben und Herausforderungen eines Archäologen begreifen lässt.

Methodisch nicht trainierte Klassen sollten zu Beginn in kein 45-Minuten-Raster gedrängt werden. Der Lehrer sollte für die Einübung grundlegender methodischer Abläufe wie den Sozialformenwechsel (EA – PA – GA), die Bildung von Zufallspaaren und -gruppen zum Beispiel durch ein Kartenspiel mehr Zeit zur Verfügung stellen.

Zum Ablauf im Einzelnen:
Im **1. Arbeitsschritt** erläutert der Lehrer das Vorgehen für die folgende Stunde. Er verweist darauf, dass die Schüler zunächst im **2. Arbeitsschritt** den Text (M1) in stiller Einzelarbeit lesen und dann die Aussagen dazu auf ihre Richtigkeit hin überprüfen und entsprechend in der Tabelle, in der sie aufgeführt sind, ankreuzen.

Im **3. Arbeitsschritt** vergleichen die Schüler im Lerntempoduett ihre Einschätzungen. Das bedeutet, dass ein Schüler, sobald er mit seiner Aufgabe fertig ist, aufsteht, und signalisiert, dass er einen Lernpartner sucht. Der nächste Schüler, der fertig ist, vergleicht, argumentiert und korrigiert gegebenenfalls seine Lösung im Austausch mit dem ersten Schüler. Im Anschluss bieten sich die beiden mindestens einem weiteren Schüler als Lernpartner an.

Im **4. Arbeitsschritt** führen die Schüler in zuvor ausgelosten Zufallsgruppen ein Archäologenspiel durch, indem sie aus einer mit Sand gefüllten Kiste Fundstücke ausgraben, sortieren und nach Möglichkeit zusammensetzen. Der Lehrer bereitet hierzu für jede Gruppe eine Ausgrabungskiste vor, die er auf den Gruppentischen zusammen mit einer leeren Kiste bereitstellt. Zum Einrichten des Arbeitsplatzes und zur weiteren Umsetzung des Archäologenspiels erhalten die Schüler eine Gruppenarbeitskarte, der sie alle notwendigen Informationen entnehmen. Die weiteren Arbeitsmaterialien stellt der Lehrer gut zugänglich an geeigneter Stelle im Klassenraum auf Tischen zur Verfügung, sodass die Schüler sich selbstständig bedienen können (siehe auch Merkposten).

Im **5. Arbeitsschritt** präsentieren die Schüler ihre Funde im Rahmen eines Museumsrundgangs. Dabei können sie sich gegenseitig Fragen zum Arbeitsprozess stellen und Vermutungen äußern, welche Geschichte die Fundstücke ihrer Meinung nach wohl erzählen.

Im **6. Arbeitsschritt** reflektieren die Schüler anhand eines Feedbackbogens inhaltliche und methodische Aspekte. Hierzu füllen sie den Feedbackbogen zunächst in stiller Einzelarbeit aus und besprechen ihre Einschätzungen dann mit den anderen Mitgliedern ihrer Gruppe.

✓ Merkposten

Für die Ausgrabungskisten eignen sich z. B. Schuhkartons oder Kopierpapierkisten. Sie werden mit Sand befüllt und verschiedene Gegenstände hineingelegt: kleine zerbrochene Tontöpfe (jeweils ein oder zwei Scherben weglassen), Nussschalen, angebrannte Steine, Gräten, Knochen (ausgekocht, Geflügel) usw.

Folgende Arbeitsmaterialien werden bereitgestellt:
- Messer, Spachtel und Pinsel in geeigneter Größe
- Unterlagen für die Fundstücke aus Pappe oder festem Papier
- Knetgummi und Leim

01 Auf den Spuren der Steinzeitmenschen – die Arbeit der Archäologen

A1 Lies den Text.

Unser Wissen über das Leben der Menschen in der Steinzeit verdanken wir zu einem großen Teil den Gegenständen aus dieser Zeit, die bei Ausgrabungen gefunden wurden. Solche Gegenstände kannst du heute in Museen anschauen: Werkzeuge, Knochen, zerbrochene Tontöpfe, Waffen und auch Schmuck.

Die Steinzeitmenschen zogen in Gruppen von einem geeigneten Lagerplatz nach einigen Wochen weiter zum nächsten Ort und hinterließen an der alten Lagerstelle die Dinge, die sie nicht mehr brauchten. Das konnten Knochen, Scherben von Tontöpfen, kaputte Werkzeuge, Stofffetzen und auch die dort angelegte Feuerstelle sein. Diese verlassenen Lagerplätze wucherten dann mit der Zeit wieder zu. Pflanzen wuchsen dort, durch den Wind wurde Sand herangeweht und es konnte auch passieren, dass ein Fluss den Platz mit Schlamm überwemmte. So verschwanden diese Gegenstände immer tiefer in der Erde und erst nach sehr langer Zeit tauchten sie wieder auf.

Werden heute solche alten Überreste – zum Beispiel bei Bauarbeiten – gefunden, ist es sehr wichtig, dass Archäologen gerufen werden, damit sie mit den richtigen Werkzeugen gezielt nach weiteren Bodenfunden suchen, sie ausgraben, vermessen und beschreiben. Um die Fundstücke nicht zu beschädigen und genau festzustellen, wo die einzelnen Stücke liegen, verwenden die Archäologen selten große Schaufeln und Spaten, sondern Messer, Spachteln und Pinsel. Archäologen sind ihrem Namen nach Altertumswissenschaftler, sie können herausfinden, wie alt die gefundenen Gegenstände sind und woher sie stammen. Außerdem kümmern sie sich darum, dass die Funde erhalten und restauriert werden, damit sie in Museen ausgestellt werden können. Ein Fundstück zu restaurieren bedeutet, es aus den gefundenen Teilen wieder zusammenzusetzen und so zu reparieren, dass es wieder aussieht wie früher, als es gefertigt wurde.

A2 Richtig oder falsch? Kreuze an.

	richtig	falsch
Werkzeuge, Knochen und Tongefäße, die bei Ausgrabungen gefunden wurden, sind Gegenstände, denen wir unser Wissen über das Leben der Menschen in der Steinzeit verdanken.		
Die Steinzeitmenschen lebten ihr ganzes Leben lang nur an einem Ort.		
Wenn jemand alte Tonscherben oder Werkzeuge findet, ist es wichtig, dass er den Fund meldet und Archäologen gerufen werden.		
Archäologen sind ihrem Namen nach Zukunftswissenschaftler.		
Archäologen nutzen als Werkzeuge Messer, Spachteln und Pinsel.		
Wird ein Fundstück restauriert, dann ist es hinterher zerstört.		

LS 01.M2 Gruppenarbeitskarte – Archäologenspiel

A1 Richtet euren Arbeitsplatz ein. Ihr braucht **Messer, Spachtel, Pinsel** und eine **Unterlage** für die ausgegrabenen Fundstücke.

A2 Grabt nun vorsichtig nach den Fundstücken. Schüttet den Sand, den ihr abtragt, in die leere Kiste neben eurer Ausgrabungskiste. Wenn ihr ein Teil gefunden habt, säubert es mit dem Pinsel und legt das Fundstück behutsam auf die Unterlage. Sucht so lange, bis ihr alle Fundstücke ausgegraben habt.

A3 Schaut euch alle Teile aufmerksam an und überlegt, ob es Teile gibt, die zusammengehören. Das können zum Beispiel Tonscherben sein. Setzt sie wieder zusammen und ergänzt fehlende Teile, indem ihr die Scherben aus Knetgummi nachbildet. Hierzu benötigt ihr **Leim** und **Knetgummi**.

A4 Stellt eure Arbeitsergebnisse für den Museumsrundgang aus: Legt eure einzelnen Fundstücke und eure wiederhergestellten Gegenstände auf der Unterlage aus. Überlegt euch, welche Geschichte die Fundstücke wohl erzählen.

LS 01.M3 Feedbackbogen

A1 Fülle den Reflexionsbogen aus.

A2 Vergleicht eure Einschätzungen und unterhaltet euch darüber, womit ihr zufrieden seid und was ihr das nächste Mal anders machen wollt.

Wie gut hat das Folgende geklappt?	sehr gut	gut	nicht gut	gar nicht
Den Infotext lesen und die Aussagen dazu auf ihre Richtigkeit überprüfen				
Im Lerntempoduett die Ergebnisse vergleichen				
Die Arbeitsaufträge für die Gruppenarbeit gemeinsam lesen und verstehen				
Den Arbeitsplatz richten				
Die Fundstücke mit den Werkzeugen vorsichtig ausgraben				
Dafür sorgen, dass alle Gruppenmitglieder sich an der Arbeit beteiligen				
Als Gruppe die Arbeitsergebnisse beim Museumsrundgang präsentieren				

LS 02 Eine Zeitleiste erstellen

		Zeitrichtwert	Lernaktivitäten	Material	Kompetenzen
1	PL	5′	L gibt einen Überblick über den Ablauf der bevorstehenden Stunde.		- mit Zufallspartnern zusammenarbeiten - Ergebnisse vergleichen - zielgerichtet arbeiten und kooperieren - gezielt Informationen suchen - Lernergebnisse präsentieren
2	EA	5′	S erhalten M1 und kreisen die Dinge ein, die es in der Steinzeit noch nicht gab.	M1.A1	
3	PA	5′	S besprechen ihre Ergebnisse mit ihrem Schulterpartner.	M1.A2	
4	PL	5′	Präsentation am OHP.	M1 (auf Folie)	
5	GA	15′	Zufallsgruppen erhalten M2, lesen den Text und ordnen die Bilder in die Zeitleiste (M3) ein.	M2.A1–2, M3, Schere, Kleber	
6	PL	5′	Präsentation der Ergebnisse an der Tafel.	Bilder aus M2 vergrößert, Magnete	
7	EA	5′	Methodenreflexion		

✓ Merkposten

M1 ist auf Folie zu kopieren.

Für die Präsentation sind die Bilder aus M2 hochzukopieren.

Für die Bildung der Zufallsgruppen sind geeignete Losgegenstände (Kartenspiel, Ziffern- oder Buchstabenkarten, Bilder) mitzubringen.

Erläuterungen zur Lernspirale

Ziel der Stunde ist es, das Vorwissen der Schüler zur Steinzeit zu aktivieren und anhand von Informationen aus einem Sachtext eine Zeitleiste zur Steinzeit zu gestalten.

Zum Ablauf im Einzelnen:
Im **1. Arbeitsschritt** erläutert der Lehrer das Vorgehen für die folgende Stunde und erklärt, dass sie die nächsten Unterichtsstunden in der Steinzeit verbringen werden.

Im **2. Arbeitsschritt** beschäftigen sich die Schüler intensiv mit dem Bild auf M1, indem sie darauf sechs Dinge suchen, die es in der Steinzeit noch nicht gab.

Im **3. Arbeitsschritt** tauschen sich die Schüler mit ihrem Schulterpartner aus. Diese „Murmelphase" leitet dazu an, Arbeitsergebnisse miteinander zu besprechen.

Im **4. Arbeitsschritt** werden die Lösungen der Schüler anhand einer Folie des Bildes am Overheadprojektor verglichen und besprochen.

Im **5. Arbeitsschritt** werden Zufallsgruppen gebildet. Jede Gruppe erhält M2, liest den einführenden Text und ordnet die Bilder entsprechend in die Zeitleiste ein. Je nach Lerngruppe kann es sinnvoll sein, den Schülern die Bilder bereits ausgeschnitten zur Verfügung zu stellen.

Es folgt im **6. Arbeitsschritt** die Präsentation der Ergebnisse an der Tafel. Dazu hat der Lehrer einen Zahlenstrahl an der Tafel vorbereitet, in den die vergrößerten Bilder aus M2 eingeordnet werden. Je nach Anzahl der Gruppen zieht jede Gruppe ein oder zwei Bilder, die sie an der richtigen Stelle platziert.

Alternativ kann auch eine Tapetenbahn vorbereitet werden, auf die die Bilder aufgeklebt werden. Diese wird anschließend im Klassenraum aufgehängt.

Es kann sich eine Methodenreflexion im **7. Arbeitsschritt** anschließen.

Notizen:

02 Eine Zeitleiste erstellen

A1 Sieh dir das Bild genau an. Welche 6 Dinge gab es in der Steinzeit noch nicht? Umkreise sie.

A2 Tausche dich mit deinem Partner aus.

A1 Lest den Text.

Die Steinzeit dauerte sehr lange. Sie begann vor etwa 2,5 Millionen Jahren und endete um 2000 v. Chr. Man unterscheidet Altsteinzeit, Mittelsteinzeit und Jungsteinzeit.
Die **Altsteinzeit** dauerte von **2,5 Millionen bis 8000 v. Chr.** Damals stellten die Menschen die ersten **Waffen und Werkzeuge aus Stein** her und begannen das **Feuer** zu nutzen. Sie sammelten Früchte und jagten **große Tiere**, um sich zu ernähren. Die Menschen hatten keine festen Häuser, sondern zogen hinter den Herden her.
In der **Mittelsteinzeit (8000–5000 v. Chr.)** wurde es auf der Erde wärmer. **Wälder** entstanden und es gab jetzt andere Tiere wie **Rehe, Wildschweine und Vögel**. Die Menschen zähmten die ersten Tiere und begannen sesshaft zu werden.
In der **Jungsteinzeit (5000–2000 v. Chr.)** bauten sich die Menschen **Häuser**. Sie bauten **Getreide** an und hielten Vieh. Sie erfanden den **Pflug** und **webten** die ersten Kleider.

A2 Ordnet die Bilder in die Zeitleiste (M3) ein.

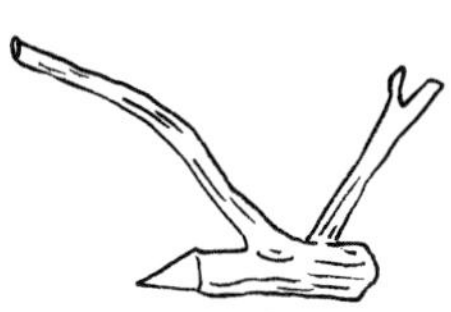
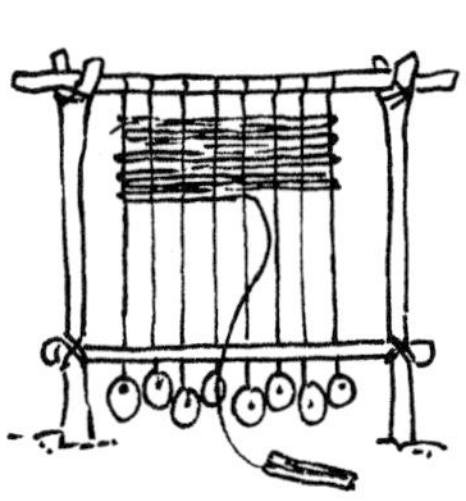

Die Steinzeit (2,5 Millionen – 2000 v. Chr.)

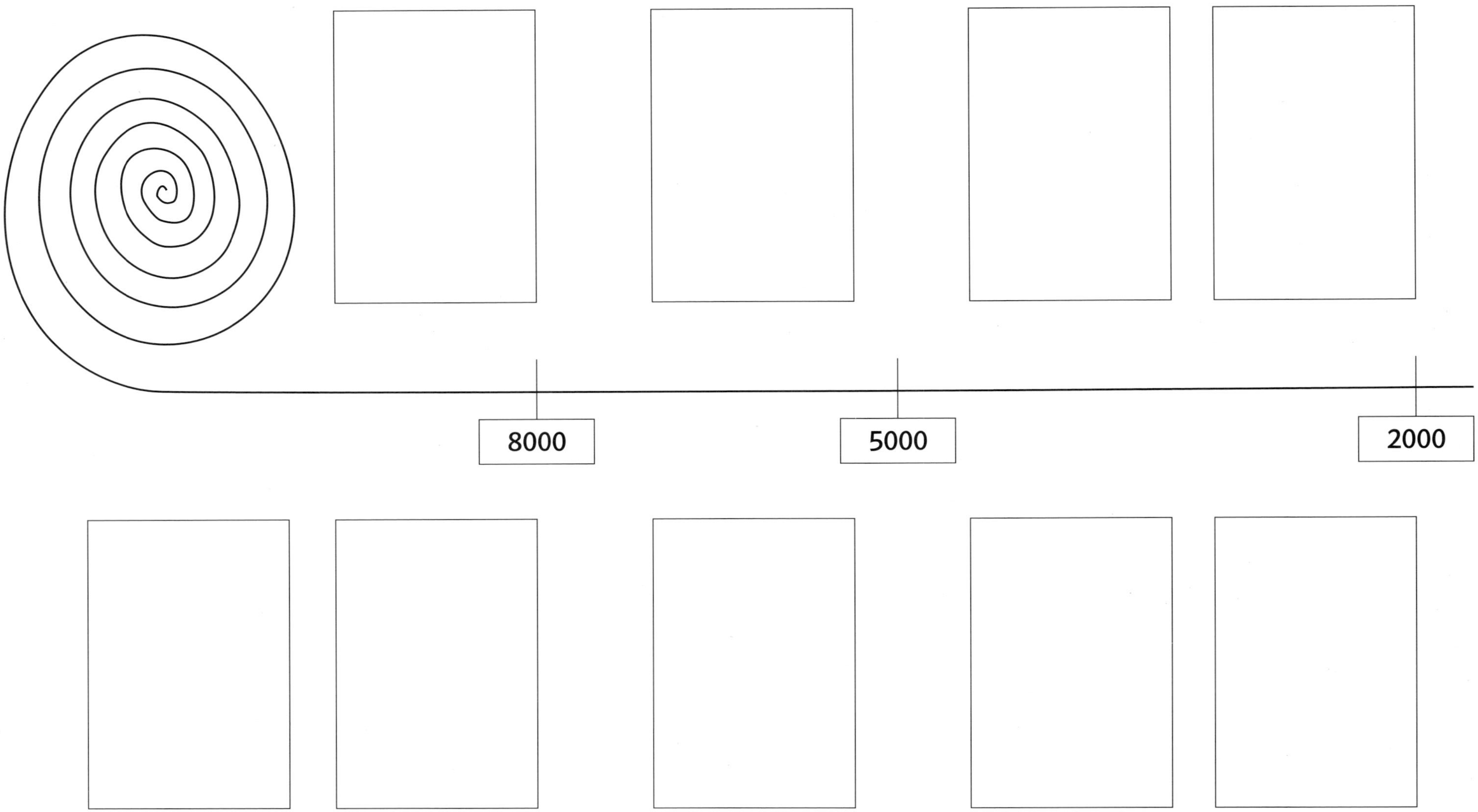

LS 03 Stationenrallye: Tiere der Steinzeit

		Zeitrichtwert	Lernaktivitäten	Material	Kompetenzen
1	PL	5′	L gibt einen Überblick über den Ablauf der bevorstehenden Stunde und erklärt den Verlauf der Stationenrallye.		- sinnentnehmend lesen - zielgerichtet arbeiten und kooperieren - Entscheidungen treffen - sich mit den Gruppenmitgliedern einigen - Arbeitsergebnisse präsentieren - Feedback geben
2	GA	50′	S lesen den Infotext an der ihnen zugelosten Station und füllen den dazugehörigen Steckbrief des Tieres aus. Gruppen bearbeiten alle Stationen.	M1–5	
3	GA	5′	S bereiten eine Präsentation der letzten Station, die sie bearbeitet haben, vor.	M1–5	
4	PL	25′	Gruppen präsentieren die Arbeitsergebnisse ihrer Station im Plenum.	M1–5	
5	PL	5′	S geben Feedback zur Präsentation.		

Tipp
Zur Verlosung der Stationen, mit denen die Gruppen beginnen sollen, können Bilder von den Steinzeittieren gezogen werden.

Erläuterungen zur Lernspirale

Ziel der Doppelstunde ist die kooperative Aneignung des Inhalts kurzer Sachtexte. Die in Kooperation erfolgende Vorbereitung der Präsentation ihres Tiersteckbriefes im Plenum vertieft die intensive Auseinandersetzung mit dem Lerngegenstand.

Zum Ablauf im Einzelnen:
Im **1. Arbeitsschritt** erläutert der Lehrer das Vorgehen für die folgende Stunde. Er erklärt den Ablauf der Stationenrallye, bei der die Schüler an fünf Stationen verschiedene Tiere der Steinzeit kennenlernen, zu jedem einen Steckbrief ausfüllen und eine Zeichnung anfertigen.

Im **2. Arbeitsschritt** zählen die Schüler von eins bis fünf und bilden so fünf Gruppen, denen der Lehrer je eine der fünf Stationen zulost. An jeder Station liegt – in entsprechender Anzahl der Schüler – ein Arbeitsblatt aus, das einen Text sowie einen auszufüllenden Steckbrief enthält. Die Schüler lesen den Text und füllen den Steckbrief aus. Nach ca. zehn Minuten gibt der Lehrer das Signal zum Wechsel und die Gruppen begeben sich im Uhrzeigersinn an die nächste Station. Dort arbeiten sie in gleicher Weise.

Im **3. Arbeitsschritt** bleiben die Gruppen nach Absolvierung der letzten Station sitzen und bereiten die Präsentation ihrer Arbeitsergebnisse vor.

Im **4. Arbeitsschritt** präsentieren die Gruppen an ihren jeweiligen Stationen die erarbeiteten Ergebnisse.

Anschließend erhalten die Schüler im **5. Arbeitsschritt** die Gelegenheit, sich gegenseitig Feedback zu ihrer Präsentation zu geben. Zuvor trägt der Lehrer noch einmal mit den Schülern zusammen, worauf bei einem konstruktiven Feedback geachtet wird. Voraussetzung für ein Feedback unter Schülern ist, dass diese Punkte bereits erarbeitet wurden. Liegt die letzte Präsentation schon länger zurück, wiederholt der Lehrer die Hinweise hierzu bereits vor der Präsentation im 4. Arbeitsschritt.

Notizen:

03 Stationenrallye: Tiere der Steinzeit

A1 Lest den Text über das Mammut.

Das Mammut

Mammuts lebten vor 135 000–11 000 Jahren. Sie konnten über drei Meter groß und fünf Meter lang werden. Sie wogen etwa acht Tonnen, so viel wie acht Autos.

Sie ernährten sich nur von Pflanzen. Ihre Nahrung bestand aus Gräsern, Laubblättern, Moosen und Sträuchern. Ein Mammut benötigte 100–200 kg Futter am Tag.

Das zottelige, lange, braune Fell schützte das Mammut vor den niedrigen Temperaturen der Eiszeit. Damit Ohren und Schwanz in der eisigen Kälte nicht erfroren, waren diese Körperteile sehr klein.

Charakteristisch für Mammuts waren ihre gewaltigen Stoßzähne, die bis zu fünf Meter lang wurden. Mit den riesigen Stoßzähnen konnte das Mammut Schnee und Äste zur Seite räumen, um an das Futter zu kommen.

A2 Füllt den Steckbrief aus und zeichnet ein Mammut in den Kasten.

Steckbrief: Das Mammut

Größe	
Fell	
Gewicht	
Nahrung	
Besondere Merkmale	

A1 Lest den Text über das Wollnashorn.

Das Wollnashorn

Wollnashörner lebten vor 500 000–10 000 Jahren. Sie waren Pflanzenfresser und ernährten sich überwiegend von Gras.

Ein dichtes braunes Fell schützte das Wollnashorn vor den niedrigen Temperaturen der Eiszeit.

Wollnashörner wurden drei Meter lang und bis zu zwei Meter hoch. Sie wogen etwa 1500 kg. Das Wollnashorn hatte zwei Hörner. Das vordere Horn war ungefähr einen Meter lang, das hintere etwa 30 cm.

Wollnashörner waren extrem kurzsichtig, dafür konnten sie aber sehr gut riechen.

A2 Füllt den Steckbrief aus und zeichnet ein Wollnashorn in den Kasten.

Steckbrief: Das Wollnashorn

Größe	
Fell	
Gewicht	
Nahrung	
Besondere Merkmale	

A1 Lest den Text über den Riesenhirsch.

Der Riesenhirsch

Riesenhirsche lebten vor 400 000–9 500 Jahren. Sie waren Pflanzenfresser. Ihre Nahrung bestand aus Gräsern und Büschen.

Riesenhirsche wurden über zwei Meter hoch. Sie waren fast drei Meter lang und wogen 500–600 kg.

Charakteristisch für Riesenhirsche war ihr mächtiges Geweih. Es konnte bis zu vier Meter breit und bis zu 50 kg schwer werden. Mit diesem Geweih konnte sich der Riesenhirsch kaum im Wald bewegen. Die Jagdtaktik der Menschen bestand darin, die Riesenhirsche in dichte Wälder zu treiben. Dort konnten sie nicht mehr weglaufen und die Menschen konnten sie leicht töten.

A2 Füllt den Steckbrief aus und zeichnet einen Riesenhirsch in den Kasten.

Steckbrief: Der Riesenhirsch

Größe	
Fell	
Gewicht	
Nahrung	
Besondere Merkmale	

A1 Lest den Text über den Säbelzahntiger.

Der Säbelzahntiger

Säbelzahntiger lebten vor 20 Millionen–40 000 Jahren. Sie sind mit dem heutigen Tiger nicht verwandt. Ein besonderes Merkmal dieser Großkatzen waren ihre auffallend langen Reißzähne, die bis zu 24 cm lang werden konnten. Der Säbelzahntiger wurde 120 cm hoch und zwei Meter lang. Er war 300 kg schwer und hatte einen Stummelschwanz.

Säbelzahntiger waren Fleischfresser. Sie jagten ihre Beute, wie die heutigen Löwen, im Rudel. Sie verfolgten ihre Opfer und rissen sie nieder. Mit ihren großen Reißzähnen töteten sie dann das Tier. Allerdings waren die großen Säbelzähne ziemlich weich und konnten sehr leicht abbrechen. Deshalb konnten Säbelzahntiger nur die weichen Fleischteile fressen. Den Rest mussten sie für andere Tiere zurücklassen.

A2 Füllt den Steckbrief aus und zeichnet einen Säbelzahntiger in den Kasten.

Steckbrief: Der Säbelzahntiger

Größe	
Fell	
Gewicht	
Nahrung	
Besondere Merkmale	

A1 Lest den Text über den Höhlenbären.

Der Höhlenbär

Höhlenbären lebten vor 400 000–10 000 Jahren. Sie konnten eine Schulterhöhe von etwa 160 cm erreichen. Wenn sie aufrecht standen, waren sie über drei Meter groß. Höhlenbären hatten ein dichtes, braunschwarzes Fell und wogen über 500 kg. Während der Wintermonate hielten die Höhlenbären Winterschlaf.

Höhlenbären waren Allesfresser. Ihre Lieblingsnahrung waren Insekten und Larven sowie Beeren, Gräser und Kräuter.

A2 Füllt den Steckbrief aus und zeichnet einen Höhlenbären in den Kasten.

Steckbrief: Der Höhlenbär

Größe	
Fell	
Gewicht	
Nahrung	
Besondere Merkmale	

LS 04 Waffen und Jagdmethoden

		Zeitrichtwert	Lernaktivitäten	Material	Kompetenzen
1	PL	5′	L gibt einen Überblick über den Ablauf der bevorstehenden Stunde.		- sinnentnehmend lesen - wichtige Informationen unterstreichen - sich mit einem Partner einigen - zielgerichtet arbeiten und kooperieren - ein Bild zu einem Infotext gestalten - anderen etwas erklären - zuhören - Arbeitsmethoden reflektieren
2	EA	10′	S lesen den Text, unterstreichen die darin erwähnten Namen der Waffen und beschriften die Bilder.	M1.A1–2	
3	PA	10′	S vergleichen ihre Lösungen mit einem zugelosten Partner und beschreiben gemeinsam, wie eine der Waffen hergestellt wird.	M1.A3–5	
4	PL	15′	Präsentation der Waffen an der Tafel. Ausgeloste Tandems stellen vor, wie die Waffen hergestellt werden.	M1	
5	EA	5′	S lesen einen Text zu einer ihnen zugelosten Jagdmethode, markieren wichtige Stellen und notieren eventuell auftretende Fragen.	M2–4.A1–3	
6	GA	20′	S gestalten in Expertengruppen Bilder zu ihrer Jagdmethode, nachdem sie in der Gruppe mögliche Fragen geklärt haben.	M2–4.A4–5, Papier, Buntstifte	
7	GA	15′	Experten zu drei verschiedenen Jagdmethoden finden sich in Mischgruppen zusammen und erklären den anderen ihre Jagdmethode anhand ihres Bildes.	M2–4.A6	
8	EA	10′	Reflexion der Arbeitsmethoden anhand eines Selbstbewertungsbogens.	M5	

✓ Merkposten

Für die Bildung der Zufallspaare sind geeignete Losgegenstände (Paar-, Ziffern- oder Buchstabenkarten) mitzubringen.

Tipp
Zur Findung der Mischgruppen im 7. Arbeitsschritt bietet es sich an, die Texte auf der Rückseite vorab mit entsprechenden Buchstaben zu markieren. So kann gewährleistet werden, dass ohne großen Zeit- und Organisationsaufwand in jeder Mischgruppe ein Experte zu jeder Jagdmethode sitzt.

Erläuterungen zur Lernspirale

Ziel der Doppelstunde ist die mehrstufige Erarbeitung zunächst allgemeiner Informationen über gebräuchliche Waffen in der Steinzeit bis hin zu Detailwissen über verschiedene Jagdmethoden.

Zum Ablauf im Einzelnen:
Im **1. Arbeitsschritt** erläutert der Lehrer das Vorgehen für die folgende Stunde. Er verweist darauf, dass die Schüler zuerst in Einzelarbeit im **2. Arbeitsschritt** die Namen der Waffen, die im Text genannt werden, unterstreichen und dann die Bilder entsprechend beschriften sollen.

Im **3. Arbeitsschritt** vergleichen die Schüler mit einem Zufallspartner ihre Lösungen, bevor sie sich auf eine Waffe einigen, deren Herstellung sie aufschreiben.

Dies dient zur Vorbereitung der Präsentation im Plenum im **4. Arbeitsschritt**, in der zum einen von ausgelosten Tandems die Waffen benannt werden und zum anderen deren Herstellung erklärt wird.

Sollten hier nicht alle Waffen präsentiert werden, eignet sich deren Beschreibung als schriftliche Hausaufgabe.

In den nun folgenden Arbeitsschritten erarbeiten die Schüler drei unterschiedliche Jagdmethoden in Form eines Gruppenpuzzles.

Im **5. Arbeitsschritt** lesen die Schüler zuerst in stiller Einzelarbeit den Text zu der ihnen zugelosten Jagdmethode, markieren wichtige Textstellen und notieren eventuell auftretende Fragen. Die Zuteilung der Texte entscheidet hierbei bereits über die spätere Zusammensetzung der Expertengruppen. Der Lehrer kann die Zusammensetzung dem Zufall überlassen oder diese durch die gezielte Zuteilung der Texte bestimmen. In großen Klassen werden die Themen doppelt vergeben, damit die Expertengruppen nicht zu groß werden.

Im **6. Arbeitsschritt** besprechen die Schüler in den Expertengruppen den Textinhalt, klären aufgetretene Fragen und überlegen, wie sie ihren Mitschülern die Jagdmethode anhand eines Bildes erklären können. Dann gestalten sie ein entsprechendes Bild.

Im **7. Arbeitsschritt** kommen die Schüler in Mischgruppen zusammen. Sie präsentieren innerhalb der Gruppe ihre Jagdmethode mithilfe ihres Bildes.

Im **8. Arbeitsschtritt** reflektieren die Schüler die Methode mithilfe eines Selbstbewertungsbogens.

04 Waffen und Jagdmethoden

A1 Lies den Text und unterstreiche die Namen der Waffen, die die Steinzeitmenschen erfanden.

Jagd in der Steinzeit

Die Steinzeitmenschen benutzten verschiedene Waffen zur Jagd.
Die erste Waffe, die sie erfanden, war eine Lanze. Das war ein langer Holzstock, der vorne mit einem scharfen Stein angespitzt wurde. Mit dieser Waffe musste man allerdings sehr nah an das Tier herangehen, das man töten wollte. Das war sehr gefährlich.
Deshalb erfanden die Menschen den Speer. Er bestand aus einem langen Stock, an dessen Ende ein spitzer Stein mit Sehnen befestigt wurde. Den Speer konnte man bis zu 50 m weit werfen.
Um den Speer noch weiter werfen zu können, entwickelten die Menschen den Schleuderspeer. Dazu spannte man den Speer in einen Schleuderhaken aus Geweih. Jetzt flog der Speer bis zu 120 m weit.
Als es immer mehr Wälder gab, wurde der Schleuderspeer unpraktisch. Daher erfanden die Menschen Pfeil und Bogen. Dazu wurde ein Ast mit einem Messer geglättet und dann eine Sehne an beiden Enden des Astes angeknotet. Als Pfeile benutzte man angespitzte Äste.

A2 Beschrifte die abgebildeten Waffen mit den Namen aus dem Text.

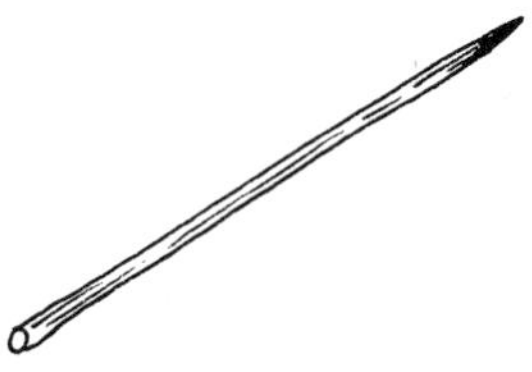			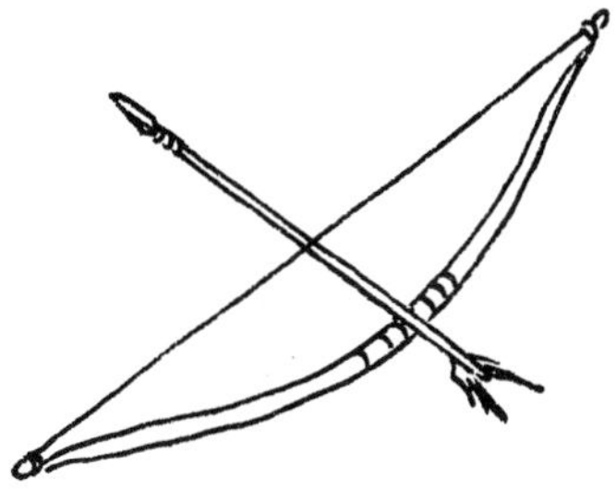

A3 Vergleiche mit deinem Partner.

A4 Einige dich mit deinem Partner auf eine Waffe und beschreibt, wie sie hergestellt wurde.

____

____

____

A5 Bereitet euch auf eine Präsentation vor.

LS 04.M2 Jagd auf ein Mammut

A1 Lies den Text.

A2 Markiere wichtige Stellen mit einem Textmarker oder unterstreiche sie.

A3 Notiere dir Fragen, wenn dir etwas unklar ist und du eine Textstelle oder ein Wort nicht verstehst.

Der Steinzeitmensch ist nicht so stark und nicht so schnell wie die Tiere, die er jagen will. Deshalb muss er klüger sein und sich etwas ausdenken, um an ihr Fleisch zu kommen.

So fängt er ein Mammut:
Mit Fackeln, Speeren und Geschrei treiben die Menschen das Mammut in einen Sumpf. In dem weichen Boden dort versinkt das schwere Tier, bis es steckenbleibt und nicht mehr weglaufen kann. Wenn das Mammut von seinem Kampf gegen den Schlamm erschöpft ist, töten die Jäger es mit ihren Speeren oder Lanzen.

A4 Kläre offene Fragen mit den anderen Experten in deiner Gruppe.

A5 Gestalte ein Bild, mit dem du die Jagdmethode erklären kannst.

A6 Beschreibe dein Bild den Mitgliedern deiner neuen Gruppe.

LS 04.M3 Jagd auf ein Wollnashorn

A1 Lies den Text.

A2 Markiere wichtige Stellen mit einem Textmarker oder unterstreiche sie.

A3 Notiere dir Fragen, wenn dir etwas unklar ist und du eine Textstelle oder ein Wort nicht verstehst.

Der Steinzeitmensch ist nicht so stark und nicht so schnell wie die Tiere, die er jagen will. Deshalb muss er klüger sein und sich etwas ausdenken, um an ihr Fleisch zu kommen.

So fängt er ein Wollnashorn:
Mit Schaufeln aus Bisonschulterblättern graben die Steinzeitmenschen ein großes, tiefes Loch. In den Boden dieser Grube stellen sie angespitzte Pfähle. Dann wird das Loch mit Ästen und Blättern zugedeckt. Die Steinzeitmenschen scheuchen nun ein Wollnashorn auf und treiben es in Richtung der Grube. Das verängstigte Tier stürzt in die Grube und wird von den Pfählen aufgespießt.

A4 Kläre offene Fragen mit den anderen Experten in deiner Gruppe.

A5 Gestalte ein Bild, mit dem du die Jagdmethode erklären kannst.

A6 Beschreibe dein Bild den Mitgliedern deiner neuen Gruppe.

LS 04.M4 Jagd auf ein Wildpferd

A1 Lies den Text.

A2 Markiere wichtige Stellen mit einem Textmarker oder unterstreiche sie.

A3 Notiere dir Fragen, wenn dir etwas unklar ist und du eine Textstelle oder ein Wort nicht verstehst.

Der Steinzeitmensch ist nicht so stark und nicht so schnell wie die Tiere, die er jagen will. Deshalb muss er klüger sein und sich etwas ausdenken, um an ihr Fleisch zu kommen.

So fängt er Wildpferde:
Die Jäger tun sich zu einer langen Menschenkette zusammen und hetzen die Pferde mit lautem Geschrei auf einen steilen Abhang zu. Die Pferde stürzen in ihrer großen Angst den Abhang hinunter. Sie überleben den Absturz nicht. Die Jäger können die Tiere in ihr Lager transportieren und haben große Fleischvorräte.

A4 Kläre offene Fragen mit den anderen Experten in deiner Gruppe.

A5 Gestalte ein Bild, mit dem du die Jagdmethode erklären kannst.

A6 Beschreibe dein Bild den Mitgliedern deiner neuen Gruppe.

LS 04.M5 Reflexion

Ich kann...	☺	😐	☹
einen Text lesen und wichtige Stellen markieren.			
Fragen notieren, wenn ich etwas nicht verstanden habe.			
mit einem Partner zusammenarbeiten.			
in einer Gruppe arbeiten.			
anderen zuhören.			
anderen etwas erklären.			

LS 05 Kinder in der Steinzeit

		Zeitrichtwert	Lernaktivitäten	Material	Kompetenzen
1	PL	5′	L gibt einen Überblick über den Ablauf der bevorstehenden Stunde.		- eine Stichwortsammlung für eine Erlebnisgeschichte entwickeln - Details in einem Wimmelbild erkennen - einen Comic zeichnen - eine Geschichte in Comicform vorstellen - Bewertungen vornehmen - eigene Meinung begründet vertreten - andere Meinungen überprüfen und zulassen - konstruktiv diskutieren - zielgerichtet arbeiten und kooperieren - Entscheidungen treffen
2	EA	10′	S nummerieren Szenen eines Wimmelbildes mit der Nummer der dazugehörigen Aktivitätsbeschreibung.	M1.A1–2	
3	PA	10′	S vergleichen ihre Lösungen mit einem zugelosten Partner.	M1.A3	
4	PA	15′	Im Tandem erstellen die Schüler eine Stichwortsammlung unter der Überschrift „Ein Tag im Leben der Steinzeitkinder."	M2.A1–2	
5	PA	20′	Die Tandems entwickeln aus den zusammengetragenen Stichwörtern eine Bildergeschichte.	M3.A1–2	
6	GA	20′	Je zwei Tandems bilden eine Gruppe und stellen sich ihre Bildergeschichten gegenseitig vor.	M3.A3	
7	PL	10′	S präsentieren dem Plenum ihre Bildergeschichten im Galeriegang.	M3.A4	

Tipp
Paarkarten erstellen: Namen von bekannten Paaren – Romeo und Julia, Dick und Doof, Ernie und Bert usw. – auf DIN-A7-Karten schreiben, Karten laminieren, in zwei Häufchen verdeckt auf den Tisch legen.

Zur Zusammenführung von je zwei Tandems im **6. Arbeitsschritt** werden die Arbeitsblätter mit der Struktur für die Bildergeschichte (M3) vorab mit Buchstaben unauffällig auf der Rückseite markiert. Tandems mit gleichen Buchstaben arbeiten dann miteinander.

Erläuterungen zur Lernspirale

Ziel der Doppelstunde ist die Auseinandersetzung mit dem Leben der Kinder in der Steinzeit. Die Schüler erhalten zunächst in Form eines Wimmelbildes und einer dazugehörigen Aktivitätenbeschreibung Informationen darüber, welche Aktivitäten zum Alltag der Kinder in der Steinzeit gehörten. Dieses Wissen vertiefen die Schüler durch den Austausch mit einem Tandempartner und das gemeinsame Entwickeln einer Bildergeschichte zum Thema.

Zum Ablauf im Einzelnen:
Im **1. Arbeitsschritt** erläutert der Lehrer das Vorgehen für die folgende Stunde. Er verweist darauf, dass die Schüler im **2. Arbeitsschritt** ein Arbeitsblatt mit einem Wimmelbild erhalten, das Szenen mit unterschiedlichen Aktivitäten von Steinzeitkindern zeigt. Die Schüler erhalten zudem nummerierte Aktivitätenbeschreibungen, deren Nummern sie den dazugehörigen Szenen des Wimmelbildes zuordnen und dort eintragen. Dieses Arbeitsblatt bearbeiten die Schüler in stiller Einzelarbeit.

Im **3. Arbeitsschritt** vergleichen die Schüler ihre Lösungen mit einem zugelosten Partner. Diese „Murmelphase" soll dazu anleiten, dass Arbeitsergebnisse miteinander besprochen werden.

Im **4. Arbeitsschritt** arbeiten die Schüler im Tandem weiter. Sie stellen sich vor, dass sie mit einer Zeitmaschine zurück in die Steinzeit reisen und dort einen Tag unter Steinzeitkindern verbringen. Darüber tauschen sie sich aus und halten ihre Ideen in Stichworten schriftlich fest.

Mithilfe dieser Stichwörter entwickeln sie im **5. Arbeitsschritt** eine Bildergeschichte, wozu ihnen ein Arbeitsblatt als Strukturhilfe zur Verfügung steht. Die Präsentation der Geschichten findet nun in zwei Arbeitschritten statt.

Im **6. Arbeitsschritt** stellen die Schüler ihre Bildergeschichte zunächst einem anderen, ihnen zugelosten Tandem vor. Dies ermöglicht den zuhörenden Mitschülern das Stellen von Verständnisfragen und die Formulierung von Tipps zum Optimieren der Geschichte im Sinne eines konstruktiven Feedbacks. Hierzu wiederholt der Lehrer die wichtigsten Regeln zu Beginn dieses Arbeitsschrittes. Möchte der Lehrer den Schülern im Anschluss Gelegenheit geben, die Bildergeschichten aufgrund der erhaltenen Hinweise der Mitschüler zu überarbeiten, ist es sinnvoll, die Präsentation aller Bilder in Form eines Galeriegangs im **7. Arbeitsschritt** in die nächste Stunde zu verlegen.

Notizen:

05 Kinder in der Steinzeit

Die Archäologen können uns nicht genau sagen, wie die Kinder in der Steinzeit gelebt haben.
Aber sie haben durch ihre Funde einige Aktivitäten herausgefunden, die den Alltag der Steinzeitkinder geprägt haben.

A1 Lies die Beschreibung der Aktivitäten aufmerksam durch.

1. Die Steinzeitkinder sammelten Beeren und Pilze und halfen so, die Nahrung für ihren Familienverband sicherzustellen.
2. Die Steinzeitkinder erkundeten Höhlen, in denen die Familien Schutz suchen konnten.
3. Die Steinzeitkinder spielten mit Murmeln aus Quarz.
4. Die Steinzeitkinder, vor allem die Jungen, lernten, Tierspuren aufzuspüren und zu bestimmen.
5. Die Steinzeitinder musizierten mit Flöten, die sie aus hohlen Geflügelknochen herstellten.
6. Die Steinzeitkinder benutzten kleine Stücke Ocker als Kreide.
7. Die Steinzeitkinder spielten mit Schwirrhölzern. Das waren kleine dünne Knochenbrettchen mit einem Loch, an dem eine Schnur befestigt war. Wenn die Kinder das Schwirrholz durch die Luft schwangen, erzeugte es laute Geräusche.

A2 Sieh nach, wo du diese Aktivität auf dem Wimmelbild findest.
Trage die Nummer der Beschreibung im entsprechenden Feld auf dem Wimmelbild ein.

A3 Vergleiche deine Lösung mit einem Partner.

Erlebnisgeschichte: Ein aufregender Tag im Leben der Steinzeitkinder

A1 Stellt euch vor, ihr könntet mit einer Zeitmaschine zurück in die Steinzeit reisen und einen Tag lang beobachten, wie die Steinzeitkinder leben. Unterhaltet euch darüber, was ihr wohl sehen würdet.

A2 Schreibt in Stichworten auf, wie ein Tag im Leben der Steinzeitkinder ausgesehen haben könnte.

Ein Tag im Leben der Steinzeitkinder

Bildergeschichte: Ein aufregender Tag im Leben der Steinzeitkinder

Schreibt nun mithilfe eurer Stichwörter eine Bildergeschichte mit der Überschrift „Ein aufregender Tag im Leben der Steinzeitkinder".

A1 Ordnet eure Stichwörter. Bringt sie in die Reihenfolge, in der ihr den Tag der Steinzeitkinder schildern wollt.

A2 Schreibt eure Geschichte nun in vollständigen Sätzen auf und malt Bilder dazu, die zeigen, was in eurer Geschichte an der Stelle gerade geschieht.

A3 Stellt euch eure Bildergeschichten gegenseitig vor.

A4 Stellt eure Bildergeschichten für einen Galeriegang aus.

LS 06 Wohnen in der Steinzeit

		Zeitrichtwert	Lernaktivitäten	Material	Kompetenzen
1	PL	5′	L gibt einen Überblick über den Ablauf der bevorstehenden Stunde.		- sinnentnehmend lesen - Bilder betrachten und Details wahrnehmen - ein Modell aus Naturmaterialien konstruieren - eigenes Handeln reflektieren - Arbeitsergebnisse im Rahmen einer Vernissage präsentieren - zielgerichtet arbeiten und kooperieren - Entscheidungen treffen
2	EA	15′	S betrachten Bilder zu Sommer- und Winterlager der Steinzeitmenschen und ordnen ihnen die entsprechenden Satzstreifen zu.	M1.A1–2	
3	PA	10′	S vergleichen ihre Zuordnungen mit ihrem Schulterpartner bzw. innerhalb ihrer Tischgruppe und kleben die Satzstreifen dann auf.	M1.A3	
4	GA	35′	S konstruieren je nach Gruppenarbeitskarte ein Modell eines Sommer- oder Winterlagers aus Natur- und Bastelmaterialien.	M2.A1–3, M3.A1–3, Natur- und Bastelmaterialien	
5	PL	25′	S präsentieren ihre Modelle der Sommer- und Winterlager im Rahmen einer Vernissage.	M2.A4, M3.A4, Modelle der Lager	

✓ Merkposten

Folgende Materialien werden den Schülern zur Gestaltung der Winter- und Sommerlager zur Verfügung gestellt:

Unterlagen aus fester Pappe, Karton, Kleister, Tannenzapfen, kleine Zweige, Aststückchen, getrocknetes Gras, Fell-, Stoff- und Lederstücke, kleine Steinchen, Papier, Zeitungspapier, Krepppapier und Farben, evtl. Föhn zum schnelleren Trocknen

Tipp

Die Naturmaterialien können vorab bei einem Unterrichtsgang mit den Schülern gesammelt werden.

Zur Vernissage im 5. Arbeitsschritt können auch andere Klassen eingeladen werden, denen die Schüler ihre Arbeiten vorstellen können. Eine „Generalprobe“ innerhalb der Klasse vermittelt hierbei Sicherheit für die Präsentation vor anderen Klassen.

Erläuterungen zur Lernspirale

Ziel der Doppelstunde ist die handlungsorientierte Erkundung der verschiedenen Wohnstätten der Menschen in der Steinzeit. In einem mehrstufigen Arbeitsprozess setzen sich die Schüler, ausgehend von einer Bildbetrachtung, mit wichtigen Informationen zur Thematik auseinander. Im Rahmen einer Gruppenarbeit erhalten sie die Gelegenheit, ein Modell eines steinzeitlichen Winter- bzw. Sommerlagers zu konstruieren und so ihr neu erworbenes Wissen schöpferisch umzusetzen, zu festigen und zu vertiefen.

Zum Ablauf im Einzelnen:
Im **1. Arbeitsschritt** erläutert der Lehrer das Vorgehen für die folgende Stunde. Er verweist darauf, dass die Schüler zunächst im **2. Arbeitsschritt** in stiller Einzelarbeit das Bild des Winter- und das des Sommerlagers genau betrachten und die schriftlichen Informationen dazu lesen. Er erklärt den Schülern, dass sie die Satzstreifen ausschneiden und dem jeweils passenden Bild zuordnen, jedoch noch nicht aufkleben sollen.

Im **3. Arbeitsschritt** vergleichen die Schüler ihre Zuordnungen mit ihrem Schulterpartner bzw. den Mitgliedern ihrer Tischgruppe und kleben die Satzstreifen nach eventuellen Korrekturen unter die Bilder.

Im Anschluss daran konstruieren die Schüler in zuvor ausgelosten Zufallsgruppen im **4. Arbeitsschritt** gemeinsam entweder das Modell eines Winter- oder eines Sommerlagers. Hierzu zieht jede Gruppe eine Gruppenarbeitskarte mit den Arbeitsaufträgen und Hinweisen für das Vorgehen während der Gruppenarbeit, woraus sich dann auch ergibt, welches der beiden Modelle gestaltet werden soll. Die Schüler erhalten die Möglichkeit, selbstständig zu arbeiten und richten sich ihren Arbeitsplatz an den Gruppentischen selbst ein. Um dies zu ermöglichen, stellt der Lehrer die Arbeitsmaterialien übersichtlich geordnet auf einem Tisch an einem gut zugänglichen Platz im Klassenraum zur Verfügung (siehe auch Merkposten).

Die Präsentation der Konstruktionen erfolgt im **5. Arbeitsschritt** in Form einer Vernissage, bei der abwechselnd immer ein Gruppenmitglied bei dem eigenen Modell steht, um Fragen von Mitschülern zu beantworten und die Gedanken der Gruppe zu Planung und Ausführung darzustellen.

Bei Zeitmangel empfiehlt es sich, die Vernissage in der nächsten Unterrichtsstunde durchzuführen, um die Arbeiten auch entsprechend würdigen zu können.

Notizen:

06 Wohnen in der Steinzeit

Viele denken, dass die Menschen in der Steinzeit hauptsächlich in Höhlen lebten. Tatsächlich wohnten sie manchmal in Höhlen. Das Innere der Höhlen war jedoch zu kalt und zu dunkel, sodass sie eher die Höhleneingänge nutzten, weil dort noch genügend Licht hineinkam und es deshalb nicht so dunkel war. Sie bauten auch Zelte und Hütten oder errichteten ihre Lager unter Felsüberhängen.

A1 Betrachte die Bilder mit dem Winterlager und dem Sommerlager aufmerksam.

A2 Lies die Sätze mit den Informationen über die beiden Lager genau durch. Schneide die Satzstreifen aus und ordne sie den passenden Bildern zu.

Wo es keine Felsüberhänge oder Höhlen gab, bauten die Steinzeitmenschen Hütten oder Zelte.
Die Zelte bauten sie aus Holzstämmen, die sie oben zusammenbogen und mit Fellen abdeckten.
Das Feuer in der Feuerstelle war Licht- und Wärmequelle und schreckte wilde Tiere ab.
So gelang es ihnen, Wind und Regen abzuhalten.
Die Hütten waren größer als die Zelte und bestanden ebenfalls aus Holzstämmen, die sie mit Zweigen und Lederstreifen bedeckten.
Die Steinzeitmenschen richteten ihre Lager häufig unter Felsüberhängen ein.
Wenn es in der Nähe des Lagers nicht genügend Holz gab, benutzten die Steinzeitmenschen Mammutknochen und Stoßzähne als Stützen für die Zelte.
Dazu stellten sie rundherum Baumstämme an den Felsen auf und legten Zweige und Felle darüber.

A3 Vergleiche deine Ergebnisse mit einem Partner und klebe die Satzstreifen anschließend auf.

LS 06.M2 Gruppenarbeitskarte – Winterlager

A1 Betrachtet das Bild des Winterlagers noch einmal aufmerksam und lest die Sätze darunter laut in der Gruppe vor. Besprecht, wie ihr euer Winterlager gestalten wollt.

A2 Richtet euren Arbeitsplatz ein. Ihr benötigt eine Unterlage aus fester Pappe, Karton, Kleister, Tannenzapfen, kleine Zweige, Aststückchen, Fell- und Lederstücke, kleine Steinchen, Papier, Zeitungspapier, Krepppapier und Farben.

A3 Gestaltet nun euer Winterlager.

Tipp zur Herstellung des Felsüberhanges:
Das Gerüst für den Felsen könnt ihr aus Kartonstücken herstellen und dann mit Kleister und Zeitungspapier überziehen. Mithilfe eines Föns trocknet es schneller, sodass ihr die Felswand mit Ocker- und Brauntönen anmalen könnt.

A4 Präsentiert euer Modell des Winterlagers.

LS 06.M3 Gruppenarbeitskarte – Sommerlager

A1 Betrachtet das Bild des Sommerlagers noch einmal aufmerksam und lest die Sätze darunter laut in der Gruppe vor. Besprecht, wie ihr das Sommerlager gestalten wollt.

A2 Richtet euren Arbeitsplatz ein. Ihr benötigt eine Unterlage aus fester Pappe, getrocknetes Gras, Aststücke, Stoff-, Leder- und Fellreste, Kleister, Papier, Krepppapier und Farben.

A3 Gestaltet nun euer Sommerlager.

A4 Präsentiert euer Modell des Sommerlagers.

LS 07 Werkzeuge in der Steinzeit

		Zeitrichtwert	Lernaktivitäten	Material	Kompetenzen
1	PL	5′	L gibt einen Überblick über den Ablauf der bevorstehenden Stunde.		- eigene Meinung begründet vertreten - andere Meinungen überprüfen und zulassen - sinnentnehmend lesen - konstruktiv diskutieren - zielgerichtet arbeiten und kooperieren - ein Plakat gestalten - Feedback geben
2	EA	10′	S schauen sich die Bilder an und notieren, in welchen Situationen ein Stein als Werkzeug dienen kann.	M1.A1–2	
3	PA	10′	S stellen ihre Ideen im Doppelkreis vor.	M1.A3	
4	GA	30′	In arbeitsteiliger Gruppenarbeit gestalten S Plakate zu Werkzeugen aus Stein, Holz, Knochen / Geweih. S nutzen dazu einen Sachtext, Bilder sowie Tipps zur Gestaltung eines Plakats.	M2.A1–2, Schere, Kleber, Plakate, Eddings	
5	PL	25′	Gruppen stellen ihre Plakate im Galeriegang vor. S geben Feedback zu den Arbeiten ihrer Mitschüler.	Plakate	
6	GA / EA	10′	S überarbeiten ihre Plakate.	Plakate	

✓ Merkposten

Bilder der Werkzeuge vergrößern.

Plakatkarton, Eddings mitbringen.

Tipp
Für die Bildung der Zufallsgruppen können hell- und dunkelrote, -grüne und -blaue Perlen, Karten oder Ähnliches verwendet werden, sodass mit den Gruppen auch gleich das zu bearbeitende Thema festgelegt ist. Das spart Zeit und reduziert den Organisationsaufwand.

Erläuterungen zur Lernspirale

Ziel der Doppelstunde ist die selbstständige Aneignung wichtiger Informationen zum Thema Werkzeuge in der Steinzeit. Durch die eigenständige Gestaltung von Plakaten zum Thema erhalten die Schüler die Gelegenheit, ihr Wissen zu vertiefen und nachhaltig zu festigen.

Zum Ablauf im Einzelnen:
Im **1. Arbeitsschritt** erläutert der Lehrer das Vorgehen für die folgende Stunde. Er verweist darauf, dass die Schüler zuerst in Einzelarbeit im **2. Arbeitsschritt** notieren sollen, in welchen Situationen ein Stein als Werkzeug dienen kann.

Im **3. Arbeitsschritt** vergleichen die Schüler ihre Ideen im Doppelkreis. Dabei sitzen oder stehen sie sich in einem Innen- und einem Außenkreis paarweise gegenüber und berichten sich wechselseitig, bevor einer der Kreise rotiert und so beliebig viele neue Partnerkonstellationen entstehen, in denen die Ideen ausgetauscht werden. Der Austausch fördert die gegenseitige Wertschätzung und wirkt vertrauensbildend.

Im **4. Arbeitsschritt** lesen die Gruppen einen Text über steinzeitliche Werkzeuge und erhalten den Auftrag, in arbeitsteiliger Gruppenarbeit zu Werkzeugen aus Holz, Stein oder Knochen ein Plakat zu gestalten. Dabei sollen sie die Gestaltungskriterien für ein gutes Plakat beachten.

Es sollten am besten sechs Gruppen gebildet werden, sodass jedes Thema doppelt besetzt ist und es für jedes Thema eine Korrekturgruppe gibt, die Ergänzungen vornehmen und Tipps geben kann.

Die Präsentation der Plakate erfolgt im **5. Arbeitsschritt.** Dazu werden diese im Klassenraum aufgehängt und die Schüler gehen von Plakat zu Plakat, können Fragen stellen und Feedback geben.

Im **6. Arbeitsschritt** erhalten die Schüler die Möglichkeit, ihre Plakate auf der Basis der erhaltenen Feedbacks zu überarbeiten.

Notizen:

W. Boes / N. Geißler: Steinzeit / Ägypten

07 Werkzeuge in der Steinzeit

Das erste Werkzeug des Steinzeitmenschen vor drei oder vier Millionen Jahren war ein handlicher Stein, den er vom Boden aufhob.

A1 Überlege, wofür der Steinzeitmensch diesen Stein verwenden konnte.
Die Bilder können dir dabei helfen, aber sicher fällt dir noch mehr ein.

A2 Ergänze den folgenden Satz:

Der Steinzeitmensch benutzte den Stein,

✓ ______________________________

✓ ______________________________

✓ ______________________________

✓ ______________________________

✓ ______________________________

✓ ______________________________

A3 Stelle deine Ideen im Doppelkreis vor.

A1 Lest den Text und unterstreicht die Gegenstände aus Stein in rot, die aus Holz in blau und die aus Knochen, Zähnen oder Geweih in grün.

In der Steinzeit gibt es kein Metall oder Plastik. Die Menschen stellen die Dinge, die sie brauchen, aus Materialien her, die sie in der Natur finden. Das sind vor allem Stein, Holz und Knochen, Zähne, Horn oder Geweih.
Aus Steinen entsteht zunächst ein Faustkeil. Er ist ein Allzweckwerkzeug. Man kann damit hacken, schneiden und schnitzen. Indem man die Form der Steine immer weiter verfeinert, entstehen Schaber, Bohrer und Messerklingen.
Aus Holz fertigen die Menschen Trinkgefäße und vor allem Griffe für Steinwerkzeuge, die sie mit Tiersehnen oder Pflanzenfasern zusammenbinden. Durch die Verbindung von Holz und Stein entstehen neue und bessere Werkzeuge. Mit Steinbeilen kann man nun Bäume fällen und mit Sicheln Getreide abschneiden.
Knochen, Zähne oder Geweihe werden zu Nadeln, Ahlen, Harpunen oder Angelhaken verarbeitet. Mit Ahlen können Löcher in Leder gebohrt werden, sodass man leichter Teile für Kleidungsstücke oder Zelte zusammennähen kann. Eine Harpune ist ein mit Widerhaken versehener Speer, den die Menschen zur Jagd auf Fische benutzen.

A2 Gestaltet ein Plakat zu Werkzeugen aus Stein, Holz **oder** Knochen.
Beachtet dabei die folgenden Regeln für ein gutes Plakat.

Überschrift	Bilder	Texte
– nennt das Thema – groß und deutlich – farblich hervorgehoben	– zum Thema passend – sauber ausgeschnitten	– in Stichworten – übersichtlich gegliedert – groß und deutlich

Faustkeil

Schaber

Bohrer

Messerklinge

Trinkgefäß

Steinbeil

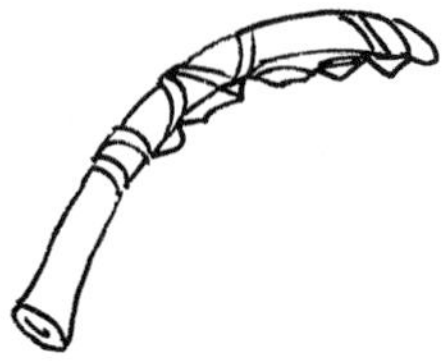
Sichel

Angelhaken

Nadel

Ahle

Harpune

LS 08 Kleidung in der Steinzeit

		Zeitrichtwert	Lernaktivitäten	Material	Kompetenzen
1	PL	5′	L gibt einen Überblick über den Ablauf der bevorstehenden Stunde.		- sinnentnehmend lesen - detailgenau betrachten - mit einem einfachen Schnittmuster arbeiten - einfache Kleidungsstücke nach Anleitung fertigen - konstruktiv diskutieren - zielgerichtet arbeiten und kooperieren - eine Modenschau vorbereiten und durchführen
2	EA	10′	S lesen Sachtext zum Thema Kleidung in der Steinzeit und notieren, welche Kleidungsstücke sie auf der dazugehörigen Abbildung erkennen.	M1.A1–2	
3	PL	10′	S beschriften die vergrößerte Abbildung an der Tafel in Form einer Stafettenpräsentation.	vergrößertes Bild von M1	
4	GA	45′	S stellen in arbeitsteiliger Gruppenarbeit folgende Kleidungsstücke her: Schuhe, Weste und Fausthandschuhe.	M2, M3, M4	
5	PL	20′	Gruppen präsentieren ihre Kleidungsstücke im Rahmen einer Steinzeitmodenschau.		

Erläuterungen zur Lernspirale

Ziel der Doppelstunde ist die handlungsorientierte Auseinandersetzung mit der Herstellung einfacher Kleidungsstücke, so wie die Menschen in der Steinzeit sie hergestellt und getragen haben könnten. Neben der Erweiterung des Wissens über die Lebensweise der Steinzeitmenschen entwickeln die Schüler durch den eigenen Arbeitsprozess im Sinne der Bedeutung von Nachhaltigkeit ein Bewusstsein dafür, mit wieviel Mühe die Herstellung jedes Kleidungsstücks auch heute noch verbunden ist.

Diese Doppelstunde lässt sich vom Zeitrahmen her nur mit Schülern, die im textilen Gestalten bereits geübt sind, so durchführen wie in der Übersicht vorgeschlagen. Alle anderen Lerngruppen profitieren von Vorübungen und allgemeinen Erklärungen, die der Lehrer dem 4. Arbeitsschritt voranstellen kann. Ebenso sinnvoll ist die Fertigung von Prototypen, um den Schülern den Arbeitsprozess anschaulich zu vermitteln und ihnen die Gelegenheit zu geben, anhand der Arbeitsanleitungen und der Modelle eigenständig zu arbeiten. Die Gruppenarbeitsphase kann insofern mehrere Stunden oder auch einen Projekttag umfassen.

Zum Ablauf im Einzelnen:
Im **1. Arbeitsschritt** erläutert der Lehrer das Vorgehen für die folgende Stunde. Er verweist darauf, dass die Schüler im **2. Arbeitsschritt** in stiller Einzelarbeit einem Sachtest erste Informationen über die Kleidung der Menschen in der Steinzeit entnehmen. Unter der dazugehörigen Abbildung notieren die Schüler alle Kleidungsstücke, die sie auf der Zeichnung erkennen können.

Im **3. Arbeitsschritt** beschriften die Schüler in einer Stafettenpräsentation die Abbildung der Steinzeitmenschen an der Tafel mit den Bezeichnungen der Kleidungsstücke. Hierzu hat der Lehrer die Abbildung vergrößert an der Tafel befestigt. Die Schüler reichen sich die Kreide im Verlauf der Stafettenpräsentation in loser Reihenfolge weiter.

Im **4. Arbeitsschritt** wird in ausgelosten Zufalls- oder auch in Stammgruppen gearbeitet. Jede Gruppe erhält ein Gruppenarbeitsblatt (M2 oder M3), richtet ihren Arbeitsplatz ein und stellt nach den Anweisungen auf dem Arbeitsblatt für jedes Gruppenmitglied ein Kleidungsstück her. Welches Kleidungsstück gefertigt wird, ergibt sich aus der Zuteilung der Gruppenkarte. Dabei kann der Lehrer die Art des Kleidungsstückes zuteilen oder nach dem Zufallsprinzip verfahren und die Karten zulosen.

Die Schüler präsentieren ihre selbstgefertigten Kleidungsstücke im **5. Arbeitsschritt,** indem sie eine Steinzeitmodenschau veranstalten. Die Modenschau kann auch in einem größeren Rahmen stattfinden. Die Schüler gestalten dann Einladungen im Steinzeitstil, die sie an ihre Eltern oder auch an andere Klassen weitergeben.

Notizen:

✓ Merkposten

Material zur Fertigung der Kleidungsstücke:

dünnes Papier und Maßbänder zur Herstellung der Schnittmuster, Scheren, Stifte, eventuell Schneiderkreide, Nadeln, Garn, einfache Baumwollstoffe, Fell-, Teddyfutter- und Lederstücke.

Die Begriffe „Schnittmuster“, „Nahtzugabe“ und „Taille“ werden zu Beginn der Gruppenarbeitsphase besprochen und Fragen dazu geklärt.

Tipp
Für die Stoffe, Leder- und Fellstücke kann eine Sammelaktion unter den Eltern durchgeführt werden.

08 Kleidung in der Steinzeit

A1 Lies den Text.

Eigentlich wissen wir nicht genau, was die Menschen in der Steinzeit getragen haben. Es wurden nämlich nur wenige Reste von Kleidung gefunden.
Trotzdem ist man sich heute sicher, dass die Menschen in der Steinzeit Kleidung brauchten, weil sie teilweise in einer Kaltzeit lebten, in der die Temperaturen sehr niedrig waren. Sich nur Felle umzuhängen, hätte da nicht ausgereicht – die Steinzeitmenschen hätten trotzdem gefroren. Außerdem hätten lose umgehängte Felle sie bei der Jagd behindert. Sie hätten sich ständig verheddert und wären hingefallen.
Das Herstellen der Kleidung war sehr mühsam. Die Felle mussten mit einem scharfen Stein zugeschnitten werden. Mit Tiersehnen oder dünnen Lederfäden wurden die Einzelteile dann zusammengenäht. Die Kleidung der Menschen in der Steinzeit sah wahrscheinlich ähnlich aus wie die der heutigen Eskimos. Sieh selbst auf der Zeichnung nach!

A2 Betrachte das Bild der Steinzeitmenschen genau.
Schreibe alle Kleidungsstücke, die du erkennen kannst, auf die Linien unter dem Bild.

Steinzeitkleidung herstellen – Lederschuhe

Ihr braucht:
Papier, um ein Schnittmuster herzustellen, Scheren, Stifte, Nadeln, Nähgarn und Leder- bzw. Stoffstücke.

So geht ihr vor:

1. Richtet euren Arbeitsplatz ein.
2. Fertigt zunächst nur ein Paar Schuhe und helft euch gegenseitig. Bestimmt, wessen Schuhe als erstes hergestellt werden. Ihr könnt es auch auslosen!
3. Stellt eure eigenen Schuhe auf das Papier und umfahrt die Sohlen mit einem Stift. Schneidet die beiden Sohlenteile aus und übertragt dieses Schnittmuster auf das Leder / den Stoff. Achtet auf ausreichenden Abstand zwischen den Sohlen, denn sie sollen mit einer Nahtzugabe von 3 cm ausgeschnitten werden. Schneidet die Sohlen jetzt aus.
4. Zeichnet nun den Schaft des Schuhs auf Papier. Schaut euch dazu das Schnittmuster an und zeichnet die Form in der Länge der Sohle auf das Papier. Schneidet die Papiervorlage aus und übertragt sie auf das Leder / den Stoff und schneidet den Schaft aus. Das macht ihr natürlich zweimal, ihr habt ja zwei Füße.
5. Jetzt näht ihr mit dem Schlingstich den Schaft an die Sohle. Seht euch dazu die Zeichnungen an.

Sohle

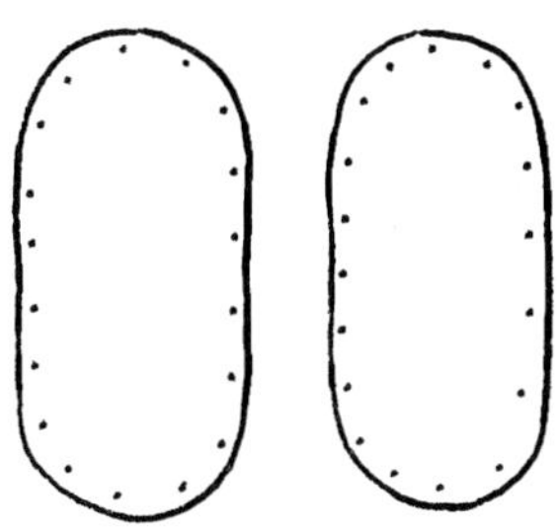

Schaft

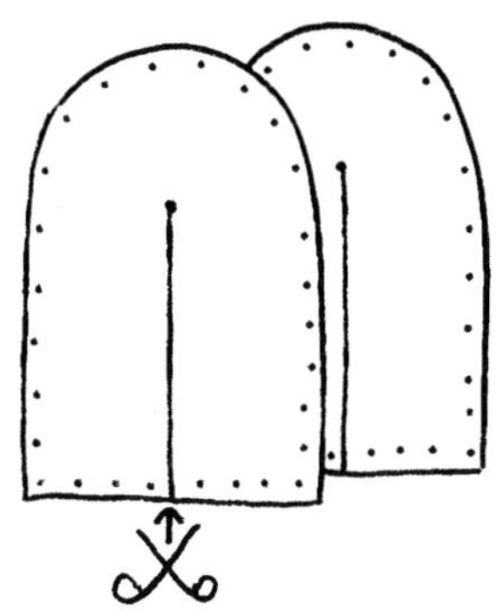

Schlingstich

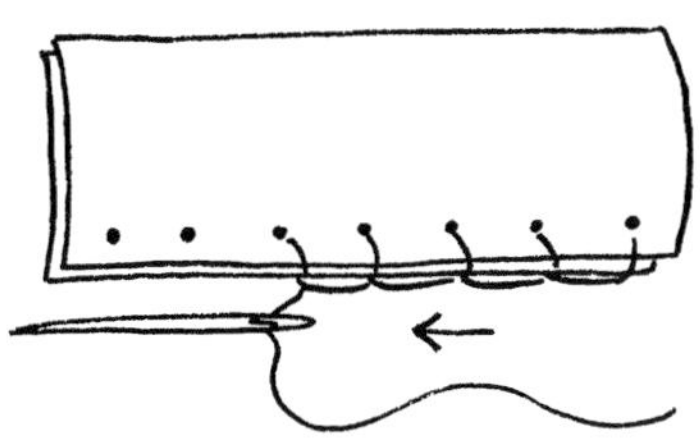

Fertiger Schuh

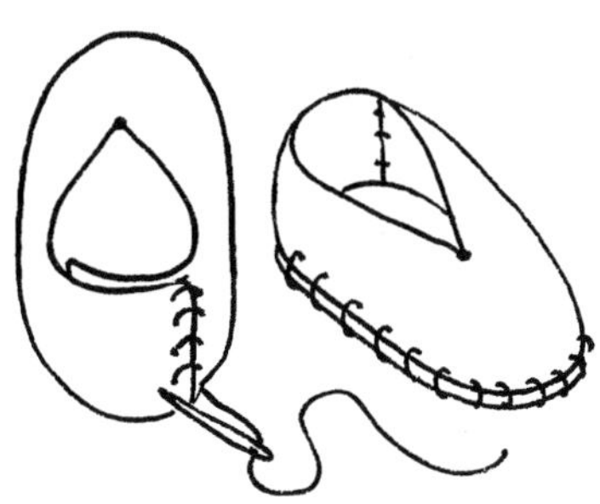

Steinzeitkleidung herstellen – Weste

Ihr braucht:
Papier, um ein Schnittmuster herzustellen, Scheren, Stifte, Nadeln, Maßband, Nähgarn und Fell- oder Teddyfutter bzw. Stoffstücke.

So geht ihr vor:
1. Richtet euren Arbeitsplatz ein.
2. Fertigt zunächst nur eine Weste und helft euch gegenseitig. Bestimmt, wessen Weste als erstes hergestellt wird. Ihr könnt es auch auslosen!
3. Zuerst müsst ihr herausfinden, wie lang und wie breit eure Weste sein muss, damit sie euch passt. Messt deshalb eure Länge von der Schulter bis zur Taille und schreibt auf, wieviele Zentimeter ihr gemessen habt. Dann messt ihr euren Brustumfang, um festzustellen, wie breit eure Weste werden soll. Schreibt auch dieses Maß auf.
4. Schaut euch nun die Zeichnung vom Rückenteil der Weste an und übertragt sie in euren Maßen auf das Papier. Schneidet euer Papiermuster nun aus.
   Mit dem Vorderteil der Weste macht ihr es genauso. Achtet darauf, dass das Vorderteil nur halb so breit ist wie das Rückenteil.
5. Legt eure Papiermuster nun auf den Stoff und übertragt sie, indem ihr die Ränder mit einem Stift umfährt. Das Vorderteil müsst ihr zweimal aufzeichnen. Legt die Schnittteile nicht zu dicht nebeneinander, damit ihr die beiden Vorderteile und das Rückenteil nun mit 3 cm Nahtzugabe ausschneiden könnt.
6. Näht die beiden Vorderteile an das Rückenteil. Verwendet den Heftstich. Seht euch dazu die Zeichnungen an.

Rückenteil

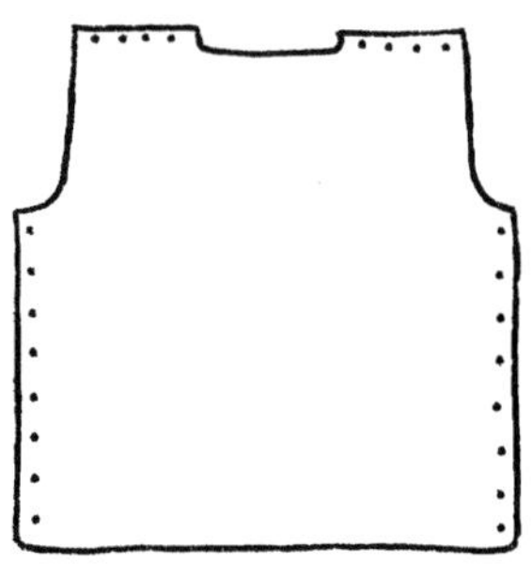

Vorderteil

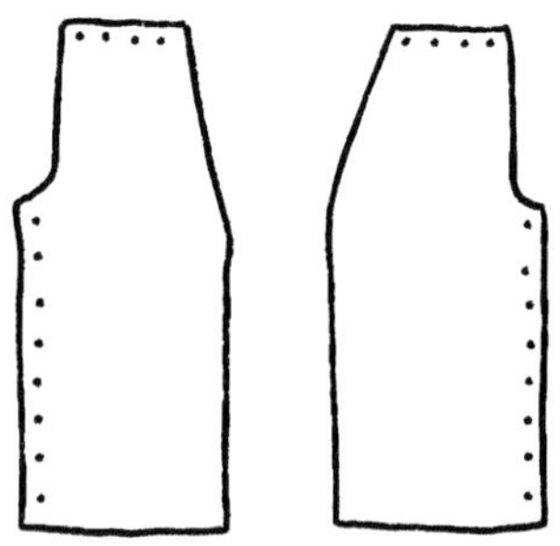

Heftstich

Fertige Weste

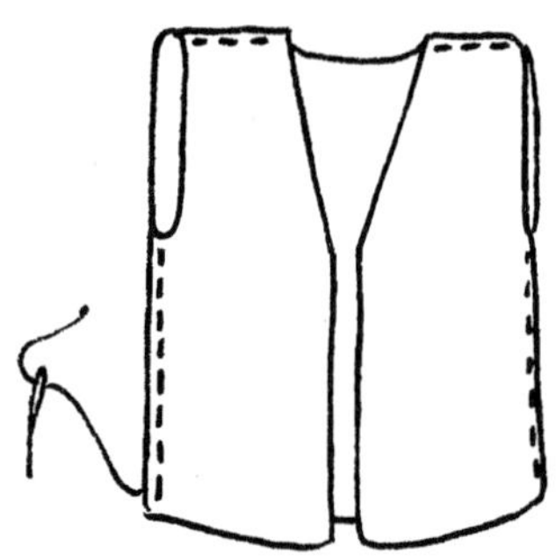

Steinzeitkleidung herstellen – Fausthandschuhe

Ihr braucht:
Papier, um ein Schnittmuster herzustellen, Scheren, Stifte, Nadeln, Nähgarn und Leder- oder Teddyfutter bzw. Stoffstücke.

So geht ihr vor:
1. Richtet euren Arbeitsplatz ein.
2. Fertigt zunächst nur ein Paar Fausthandschuhe und helft euch gegenseitig. Bestimmt, wessen Fausthandschuhe als erstes hergestellt werden. Ihr könnt es auch auslosen!
3. Um die Größe eurer Fausthandschuhe zu bestimmen, legt ihr eine Hand auf das Papier, spreizt den Daumen ab und fahrt die Kontur grob mit einem Stift nach. Diese Zeichnung ist dann das Schnittmuster für eine Handschuhhälfte. Seht euch dazu auch die Zeichnungen unten an. Schneidet euer Papiermuster aus.
4. Übertragt das Papiermuster auf euren Stoff. Ihr müsst es viermal aufzeichnen. Schneidet die Handschuhhälften mit 1 cm Nahtzugabe aus.
5. Näht jeweils zwei Handschuhhälften mit dem Schlingstich zusammen. Seht euch dazu die Zeichnungen an.

Handschuhhälften

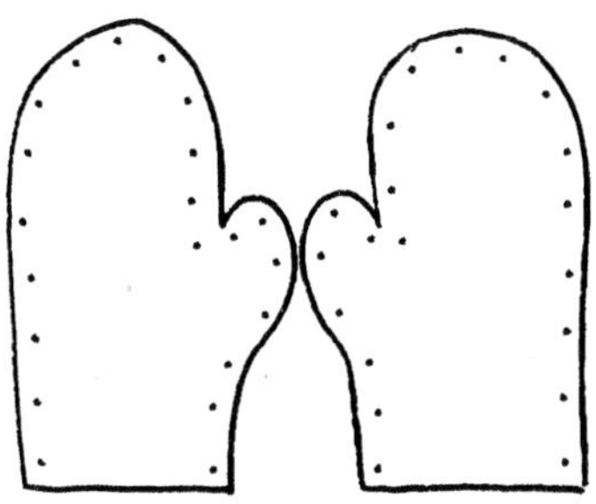

Schlingstich

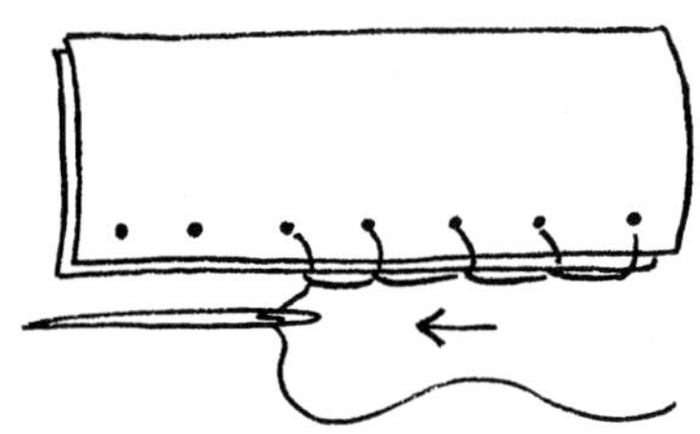

Fertiger Handschuh

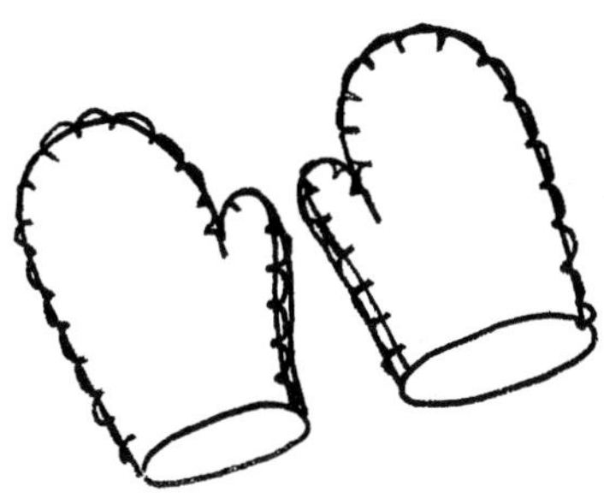

LS 09 Höhlenmalerei

		Zeitrichtwert	Lernaktivitäten	Material	Kompetenzen
1	PL	5′	L gibt einen stillen Impuls mittels einer Overheadfolie und erläutert den Ablauf der Stunde.	M1	- sinnentnehmend lesen - wichtige Informationen eines Sachtextes in Stichworten zusammenfassen - Maltechniken nach schriftlicher Anleitung selbstständig erproben - Bewertungen vornehmen - eigene Meinung begründet vertreten - andere Meinungen überprüfen und zulassen - konstruktiv diskutieren - zielgerichtet arbeiten und kooperieren - Entscheidungen treffen - Werkstücke präsentieren und Arbeitsprozess erläutern
2	EA	15′	S lesen einen Sachtext über die Höhlenmalerei und schreiben einen Spickzettel für die Weitergabe der Informationen im Doppelkreis.	M2.A1–2, M3.A1–2	
3	DK	10′	S geben die Informationen der Sachtexte im Doppelkreis weiter.	M3.A3	
4	GA	25′	Jede Zufallsgruppe bekommt eine Arbeitskarte mit der Anleitung zu einer Maltechnik, entsprechende Arbeitsmaterialen, und erprobt diese.	M4, Farben, Malgründe	
5	GA	15′	Die Mitglieder der Gruppen besprechen den Arbeitsprozess und notieren Stichpunkte dazu. Dann wählen sie die Bilder aus, die sie im Plenum präsentieren möchten.	Schülerarbeiten, M5.A1–2	
6	PL	20′	Ausgeloste Gruppensprecher stellen die Arbeiten und Beobachtungen ihrer Gruppe zum Arbeitsprozess im Kinositz vor.	Schülerarbeiten, M5.A3	

✓ Merkposten

Die Vorlage M1 wird auf Overheadfolie kopiert und mit Folienstiften in den Farben rot, weiß und schwarz coloriert.

Folgende **Arbeitsmaterialien** stellt der Lehrer bereit:

Farbpigmente in Pulverform in verschiedenen Farben, Wasser, Plastikbecher, Plastiklöffel, dick angerührter Tapetenkleister, Packpapier, dicke Papierbögen, Pinsel, Ytong-Steine, Sandsteine oder Schiefer, zerbrochene scharfkantige Kieselsteine, Erdfarben oder Dispersionsfarbe, Wasserfarbkasten oder Fingerfarben, Lupe, Strohhalme, Pipette, Plastikschälchen

Erläuterungen zur Lernspirale

Ziel der Doppelstunde ist die theoretische und praktische Auseinandersetzung mit der bedeutendsten Kunstform der Steinzeit, der Höhlenmalerei. In einem mehrstufigen Arbeitsprozess nähern sich die Schüler dem Thema zunächst über die Erschließung von Sachtexten mit grundlegenden Informationen dem Unterrichtsgegenstand an. Den Schwerpunkt der Doppelstunde bildet dann die Erprobung steinzeitlicher Maltechniken sowie die Reflexion des Arbeitsprozesses und die Präsentation der Werkstücke.

Zum Ablauf im Einzelnen:
Im **1. Arbeitsschritt** erzeugt der Lehrer mittels einer Overheadfolie (M1) im Klassenzimmer eine „steinzeitliche Höhlenatmosphäre" zur Einstimmung in das Thema der Stunde und erläutert den Ablauf.

Im **2. Arbeitsschritt** lesen die Schüler arbeitsteilig zwei verschiedene Texte über die Höhlenmalerei und erstellen einen Spickzettel mit den wichtigsten Informationen des Textes.

Diesen Spickzettel nutzen sie dann, um die Informationen im **3. Arbeitsschritt** im Doppelkreis an ihre Mitschüler weiterzugeben. Dazu stehen die Schüler, die Text 1 (M2) bearbeitet haben, den Schülern, die Text 2 (M3) bearbeitet haben, gegenüber und berichten sich in jedem Durchgang gegenseitig, wobei die Schüler mit Text 1 anfangen. Hierzu sind drei Durchgänge ausreichend, wobei die Schüler auch Fragen stellen können.

Im **4. Arbeitsschritt** werden per Los Vierergruppen gebildet, die sich anhand von Arbeitskarten (M4) je eine Maltechnik erschließen, ihren Arbeitsplatz einrichten und mit den entsprechenden Arbeitsmaterialien die Techniken erproben. Hierzu stellt der Lehrer die Arbeitsmaterialien geordnet an einem geeigneten Platz im Klassenraum zur Verfügung.

Die Mitglieder der Gruppen besprechen im **5. Arbeitsschritt** den Arbeitsprozess und notieren Stichpunkte dazu auf M5. Dann wählen sie die Bilder/Werkstücke aus, die sie im Plenum präsentieren möchten.

Je zwei ausgeloste Gruppensprecher stellen die Arbeiten und die Beobachtungen ihrer Gruppe zum Arbeitsprozess und den Maltechniken im **6. Arbeitsschritt** im Kinositz vor. Beim Kinositz sitzen die Schüler auf einer Reihe zusammengeschobener Tische und einer Reihe davorstehender Stühle. Die Organisation des Kinositzes erfordert anfangs etwas mehr Zeit, bis die Abläufe durch Training zur Routine geworden sind.

Da jede Gruppe nur jeweils eine Maltechnik umgesetzt hat, ist es sinnvoll, im fächerübergreifenden Unterricht eine Stationenarbeit anzubieten, die es den Schülern ermöglicht, auch die anderen Techniken anhand der Arbeitskarten und der Arbeitsmaterialien kennenzulernen und auszuprobieren. Hierbei berücksichtigen die Schüler die Hinweise, die die Gruppensprecher im Rahmen der Präsentation zu den jeweiligen Maltechniken gegeben haben. Eine solche Vertiefung vergrößert auch den Nutzen des verhältnismäßig großen Vorbereitungs- und Materialaufwands.

09 Höhlenmalerei

A1 Lies den Text und unterstreiche wann, wo und was die Menschen in der Steinzeit gemalt haben.

Höhlenmalerei (Text 1)

Die ältesten Bilder der Welt sind über 30000 Jahre alt. In der Steinzeit malten die Menschen in Höhlen und manchmal auch unter Felsüberhängen. Eine der berühmtesten ausgemalten steinzeitlichen Höhlen ist die Höhle von Lascaux in Frankreich. Manche Höhlen kann man auch heute noch besichtigen.
Die Menschen in der Steinzeit malten vor allem Tiere. Sie malten die Tiere in Bewegung, so als ob sie laufen würden, an die Höhlenwände- und Decken. Im Schein des Feuers wirkten die Abbildungen der Tiere dadurch sehr lebendig. Die Steinzeitmenschen zeichneten oft ganze Gruppen von Tieren. Das sieht in den Höhlen für die Betrachter sehr beeindruckend aus.
Sie zeichneten besonders häufig Bisons, Wildpferde, Steinböcke, Hirsche, Rentiere und Mammuts, aber auch Wollnashörner und Urochsen. Fische, Vögel, Höhlenlöwen und Braunbären wurden hingegen selten dargestellt.

A2 Notiere die wichtigsten Informationen auf deinem Spickzettel.
Du kannst ihn nutzen, um deinen Mitschülern die wichtigen Informationen des Textes vorzutragen.

A3 Stelle deine Ergebnisse im Doppelkreis vor.

A1 Lies den Text und unterstreiche wann, wo und was die Menschen in der Steinzeit gemalt haben.

Höhlenmalerei (Text 2)

Menschen wurden in den steinzeitlichen Höhlen fast gar nicht abgebildet. Aber in vielen Höhlen finden sich neben den großen Tierbildern Handabdrücke. Auch Punkt- und Strichreihen zeichneten die Menschen in der Steinzeit gerne. In manchen Höhlen entdeckte man Anhäufungen von Linien, die an Landkarten erinnern.
Die Künstler der Steinzeit verwendeten am häufigsten die Farben rot, weiß und schwarz.
Sie stellten die Farben aus farbigen Erdklumpen her wie rotem Ocker, weißer Tonerde und schwarzem Mangan oder Kohle. Sie zerrieben die Erdklumpen und vermischten sie mit Öl, Tierfett oder Tierblut.
Um die Farbe auf die Wände aufzutragen, nutzten sie verschiedene Techniken. Sie pusteten die Farbe durch Knochenröhrchen oder nahmen sie in den Mund, legten eine Hand auf die Höhlenwand und spuckten die Farbe darüber, sodass ein Handabdruck entstand. Eine weitere Möglichkeit bestand darin, die Hände mit Farbe zu bestreichen und damit Farbabdrücke auf die Wände zu übertragen. Manchmal zeichneten sie auch nur trocken mit einem Stück Kohle von einer Feuerstelle oder ritzten die Zeichnungen mit einem spitzen Stein in die Höhlenwand.

A2 Notiere die wichtigsten Informationen auf deinem Spickzettel.
Du kannst ihn nutzen, um deinen Mitschülern die wichtigen Informationen des Textes vorzutragen.

A3 Stelle deine Ergebnisse im Doppelkreis vor.

Arbeitskarten zu den Maltechniken

Arbeitskarte 1 – Handabdruck

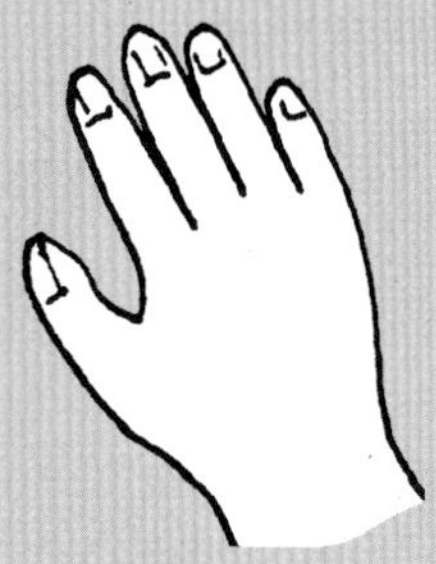

Ihr braucht:
Wasserfarbkasten oder Fingerfarben, Packpapier oder dicke Papierbögen, Lupe, Schüssel mit Wasser und Seife, sowie ein Handtuch, falls kein Waschbecken in der Nähe ist.

So geht ihr vor:
Sucht euch eine Farbe aus und bemalt damit eure Hand. Drückt dann eure bemalte Hand auf das Papier.
Wenn ihr alle eine Hand auf dem Papier abgebildet habt, schaut euch die Abdrücke genau an. Nutzt dazu auch die Lupe. Welche Unterschiede stellt ihr fest?
Experimentiert auch mit einzelnen Fingern und mehreren Abdrücken hintereinander bei nur einem Farbauftrag.

Arbeitskarte 2 – Erdfarben aus Farbpigmenten herstellen

Ihr braucht:
Farbpigmente in Pulverform (verschiedene Farben), Wasser, Plastikbecher, Plastiklöffel, dick angerührter Tapetenkleister, Packpapier, dicke Papierbögen, Pinsel

So geht ihr vor:
Schüttet drei Löffel Farbpigment von einer Farbe in einen Plastikbecher und verrührt das Pulver mit wenig Wasser zu einem dicken Brei. Rührt so lange, bis alle Klümpchen verschwunden sind. Gebt dann drei Löffel von dem dick angerührten Tapetenkleister dazu und verrührt auch diesen gut mit dem Farbbrei. Malt mit der fertigen Farbe Tiere auf das Papier.

Wissenswert:
Die Steinzeitmaler nutzten zur Herstellung von Farben ebenfalls Farbpigmente. Sie verwendeten dazu Erdklumpen und vermischten diese mit Tierfett. Anstatt Tapetenkleister könntet ihr auch einen Eidotter oder ein Eiweiß als Bindemittel verwenden.

Arbeitskarte 3 – Bilder in Stein ritzen

Ihr braucht:
Ytong-Steine, Sandsteine oder Schiefer, zerbrochene scharfkantige Kieselsteine, Erdfarben oder Dispersionsfarbe, Pinsel

So geht ihr vor:
Sucht euch einen Stein aus. Überlegt dann, welches Steinzeitmotiv ihr einritzen wollt. Nehmt einen Kieselstein und ritzt mit der scharfen Kante des Kieselsteins verschiedene Motive ein. Wenn ihr möchtet, könnt ihr eure geritzten Steine abschließend mit Erd- oder Dispersionsfarbe einfärben.
Experimentiert mit unterschiedlichen Steinarten, wenn ihr mehrere zur Verfügung habt.
Gibt es Unterschiede bei der Bearbeitung?

Arbeitskarte 4 – Farbe pusten

Ihr braucht:
Papier, Strohhalme, Pinsel oder Pipette, Wasserfarbe, Plastikschälchen

So geht ihr vor:
Stellt ein Plastikschälchen bereit. Wählt eine Farbe aus und füllt die mit Wasser verdünnte und dadurch flüssige Farbe in das Plastikschälchen.
Nehmt einen Pinsel oder eine Pipette und tropft die Farbe damit auf das Papier. Nun verblast ihr mit einem Strohhalm die Farbe und versucht, damit eine bestimmte Form zu erhalten, z. B. eine Tierform. Experimentiert mit verschiedenen Formen. Gelingt es, die Farbe durch das Pusten so zu verteilen, dass die Formen entstehen, die ihr geplant habt?

Wissenswert:
Die original steinzeitliche Methode, die Farbe durch Aufpusten aufzutragen, bestand darin, die angerührte Farbe in den Mund zu nehmen und dann z. B. durch hohle Knochenröhrchen auf die Wände zu pusten. Wegen der möglichen Giftigkeit der Farben heute tropft ihr die Farbe mit Pinsel oder Pipette auf das Papier.

Notizzettel zum Arbeitsprozess

A1 Unterhaltet euch darüber, wie ihr eure Aufgabe zur Höhlenmalerei umgesetzt habt. Was hat gut funktioniert? Womit wart ihr nicht zufrieden? Was muss man bei dieser Aufgabe unbedingt beachten?

A2 Notiert eure Gedanken auf dem Notizzettel. Ihr könnt ihn nutzen, um euren Mitschülern eure Arbeit vorzustellen.

A3 Sucht die Arbeiten (Bilder / Werkstücke) aus, die ihr euren Mitschülern vorstellen wollt.

LS 01 Geografische Lage

		Zeitrichtwert	Lernaktivitäten	Material	Kompetenzen
1	PL	5′	L gibt einen Überblick über den Ablauf der bevorstehenden Stunde.		- mit Landkarten arbeiten - sinnentnehmend lesen - eigene Meinung begründet vertreten - andere Meinungen überprüfen und zulassen - konstruktiv diskutieren - zielgerichtet arbeiten und kooperieren - Entscheidungen treffen
2	EA	15′	S malen die Erdteile auf der Weltkarte in unterschiedlichen Farben aus, tragen die Namen der Erdteile in die Wortkästen ein und ergänzen den Lösungssatz.	M1.A1–3	
3	PA	5′	S vergleichen ihre Lösungen mit einem zugelosten Partner.	M1.A4	
4	PL	10′	Ein per Los ausgewähltes Tandem ordnet die Namen der Erdteile auf dem OHP zu und trägt den Lösungssatz vor.	M1 (auf Folie)	
5	EA	15′	S lesen den Text und unterstreichen die darin genannten Städtenamen und Sehenswürdigkeiten.	M2.A1–2	
6	PA	25′	Mit ihrem Tandempartner vergleichen die S ihre Ergebnisse, setzen die Namen der Städte und Sehenswürdigkeiten auf der Karte von Ägypten ein und illustrieren diese.	M2.A3, M3.A1–2	
7	PL	15′	S präsentieren ihre Ergebnisse im Rahmen einer Stafettenpräsentation an der Tafel.	M3.A3, Magnete	

Erläuterungen zur Lernspirale

Ziel der Doppelstunde ist die geografische Einordnung Ägyptens auf der Weltkarte und das Erreichen eines ersten Überblicks über die Lage wichtiger Städte und Sehenswürdigkeiten Ägyptens. Hierbei wiederholen die Schüler selbstständig die Bestimmung der Erdteile anhand von Kartenmaterial und gestalten so ihre eigene Weltkarte mit dem Fokus auf Ägypten. Ägypten nähern sie sich dann weiter in Partnerarbeit anhand eines Reiseberichts an, dessen Informationen sie zur Beschriftung und Illustration einer Karte von Ägypten nutzen.

Methodisch nicht trainierte Klassen sollten zu Beginn in kein 45-Minuten-Raster gedrängt werden. Der Lehrer sollte für die Einübung grundlegender methodischer Abläufe wie den Sozialformenwechsel (EA – PA – GA), die Bildung von Zufallspaaren und -gruppen zum Beispiel durch ein Kartenspiel mehr Zeit zur Verfügung stellen.

Zum Ablauf im Einzelnen:
Im **1. Arbeitsschritt** erläutert der Lehrer das Vorgehen für die folgende Stunde. Er verweist darauf, dass die Schüler im **2. Arbeitsschritt** zunächst eine Weltkarte in stiller Einzelarbeit ausgestalten. Sie malen die Erdteile in verschiedenen Farben aus, ordnen mithilfe von Kartenmaterial den Erdteilen ihre Namen zu, schreiben diese in die entsprechenden Wortkästen und ergänzen den untenstehenden Lösungssatz.

Im **3. Arbeitsschritt** vergleichen die Schüler ihre Lösungen mit einem zugelosten Partner. Für die Präsentation im **4. Arbeitsschritt** wird ein Tandem ausgelost, das im Plenum die Namen der Erdteile auf dem Overheadprojektor zuordnet und den Lösungssatz vorträgt.

Im **5. Arbeitsschritt** lesen die Schüler in Einzelarbeit den Reisebericht eines ägyptischen Mädchens und unterstreichen die darin genannten Städtenamen und Sehenswürdigkeiten.

Im **6. Arbeitsschritt** arbeiten die Schüler wieder gemeinsam mit ihrem Tandempartner weiter. Sie vergleichen ihre Ergebnisse und erhalten eine Karte von Ägypten, auf der sie die Namen der Städte und Sehenswürdigkeiten eintragen. Anschließend illustrieren sie die Karte, die im **7. Arbeitsschritt** im Rahmen einer Stafettenpräsentation an der Tafel vorgestellt wird. Hierzu versammeln sich die Schüler im Halbkreis vor der Tafel. Der Lehrer weist auf die Regel „Touch – Turn – Talk" hin. Ein Tandem beginnt, indem es seine Karte mit Magneten an der Tafel befestigt, einige erklärende Worte dazu sagt und eventuell Fragen der Mitschüler beantwortet. Die anderen Tandems schließen sich in loser Reihenfolge an. An dieser Stelle kann der Lehrer auch Korrekturen mit den Schülern erarbeiten, falls sich Fehler eingeschlichen haben. Die Arbeitsergebnisse können im Klassenraum aufgehängt werden.

✓ Merkposten

Für die Bildung der Zufallspaare und Zufallsgruppen sind geeignete Losgegenstände mitzubringen.

Den Schülern werden Atlanten zur Verfügung gestellt.

M1 wird sowohl für die Einzelarbeit der Schüler kopiert, als auch auf Overheadfolie für den 4. Arbeitsschritt.

M3 wird auf DIN-A3-Format hochkopiert.

Tipp
Es bietet sich an, einen Fragespeicher zum Thema Ägypten auf einem Plakat anzulegen und mit den Schülern die Antworten zu erforschen.

01 Geografische Lage

A1 Male die Erdteile in unterschiedichen Farben aus.

A2 Trage die Namen der Erdteile in die Wortkästen ein.

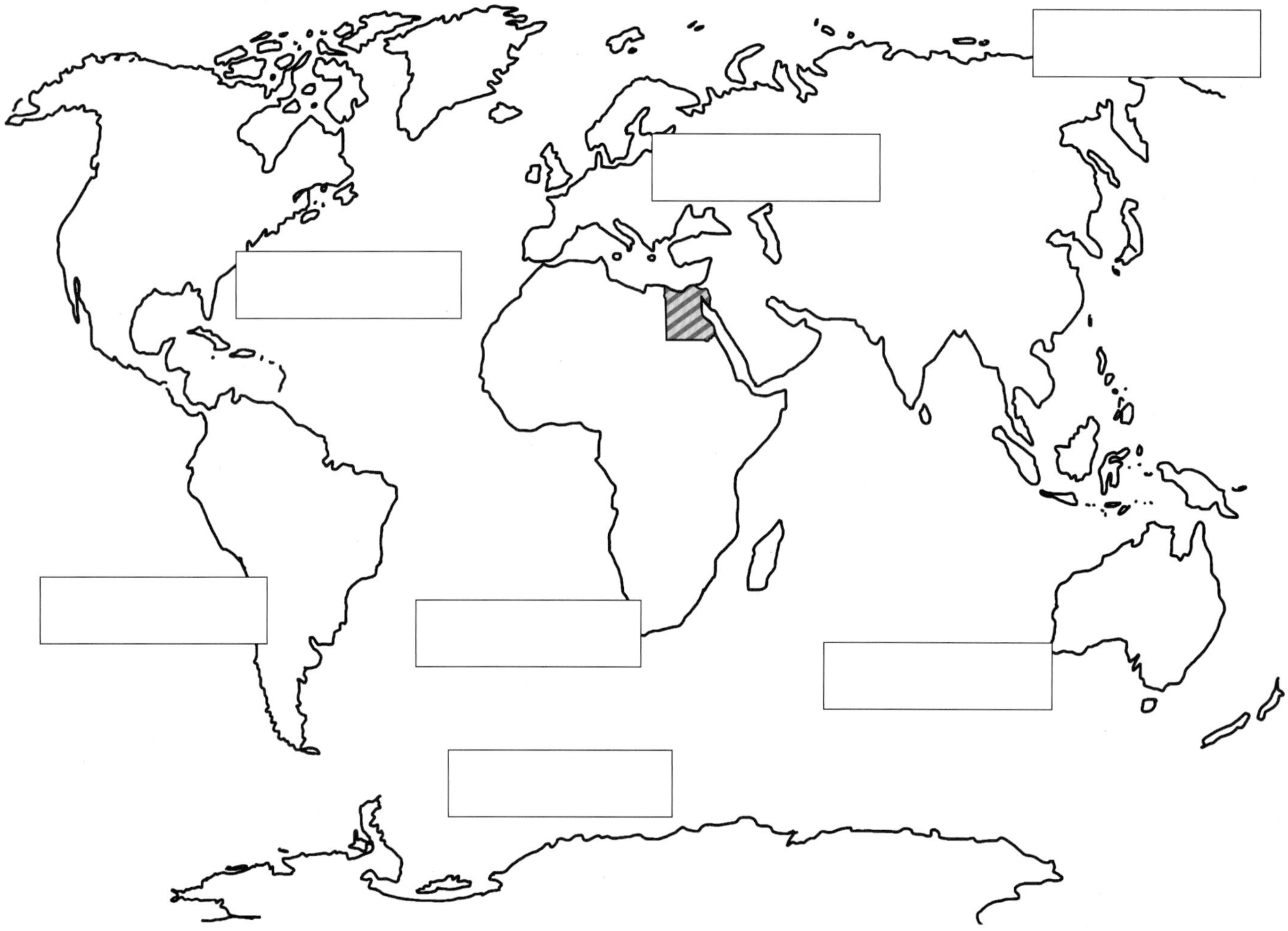

Europa – Australien – Asien – Nordamerika – Südamerika – Antarktis – Afrika

A3 Ergänze den Lösungssatz mit dem Namen des Erdteils, in dem Ägypten liegt.

Ägypten liegt im Nordosten von ______________________________.

A4 Vergleiche deine Ergebnisse mit denen deines Partners.

A1 Lies den Text.

A2 Unterstreiche die Namen der Städte und Sehenwürdigkeiten, von denen Aminata in ihrem Reisebericht erzählt.

Reise durch Ägypten

Hallo, ich bin Aminata und möchte euch von meiner Reise durch Ägypten berichten, die ich mit meinem Onkel Abdeslam im letzten Jahr unternommen habe. Mein Onkel lud mich ein, mit ihm am Nil entlang durch unser schönes Land zu reisen. Der Nil ist der längste Fluss der Erde und fließt durch Ägypten. Abdeslam erzählte mir unterwegs von wichtigen Städten und Sehenswürdigkeiten des Alten Ägypten und zeigte mir, wo sie sich befanden. Wir sahen auch viele Ausgrabungsstätten. Das sind Steinbrüche, in denen nach Gegenständen aller Art aus der Zeit des Alten Ägypten gegraben wird.

Die Reise führte uns flussabwärts am Tempel von Karnak vorbei, der rechts vom Nil erbaut wurde und weiter zur Stadt Theben. Auf der linken Seite des Nils erstreckt sich das Tal der Könige, das bekannt ist für das Grab des Tutanchamun. Auch der Tempel der Königin Hatschepsut wurde beim Tal der Könige erbaut.
Weiter flussabwärts befand sich die Stadt Amarna rechts vom Nil. Unter König Echnaton und Königin Nofretete war Amarna, auch Achetaton genannt, die Hauptstadt Ägyptens. Die älteste Hauptstadt Ägyptens war Memphis. Sie entstand noch weiter flussabwärts, unterhalb von Kairo. Kairo ist heute die Hauptstadt von Ägypten.
Ungefähr auf dieser Höhe links vom Nil können noch heute die Pyramiden von Gizeh bestaunt werden. Zum Abschluss unserer Reise zeigte mir mein Onkel noch die Stadt Alexandria, die direkt am Mittelmeer liegt.

A3 Vergleicht die Namen der Städte und Sehenswürdigkeiten, die ihr unterstrichen habt.

Landkarte Ägypten

A1 Sucht die Städte und Sehenswürdigkeiten, die ihr in M2 unterstrichen habt, auf der Landkarte und schreibt ihre Namen auf die Linien.

A2 Gestaltet die Landkarte. Malt den Nil und die Meere blau und die Punkte, die die Städte markieren, rot aus.
Gestaltet nun auch die Sehenswürdigkeiten, indem ihr die Zeichnungen bunt ausmalt.

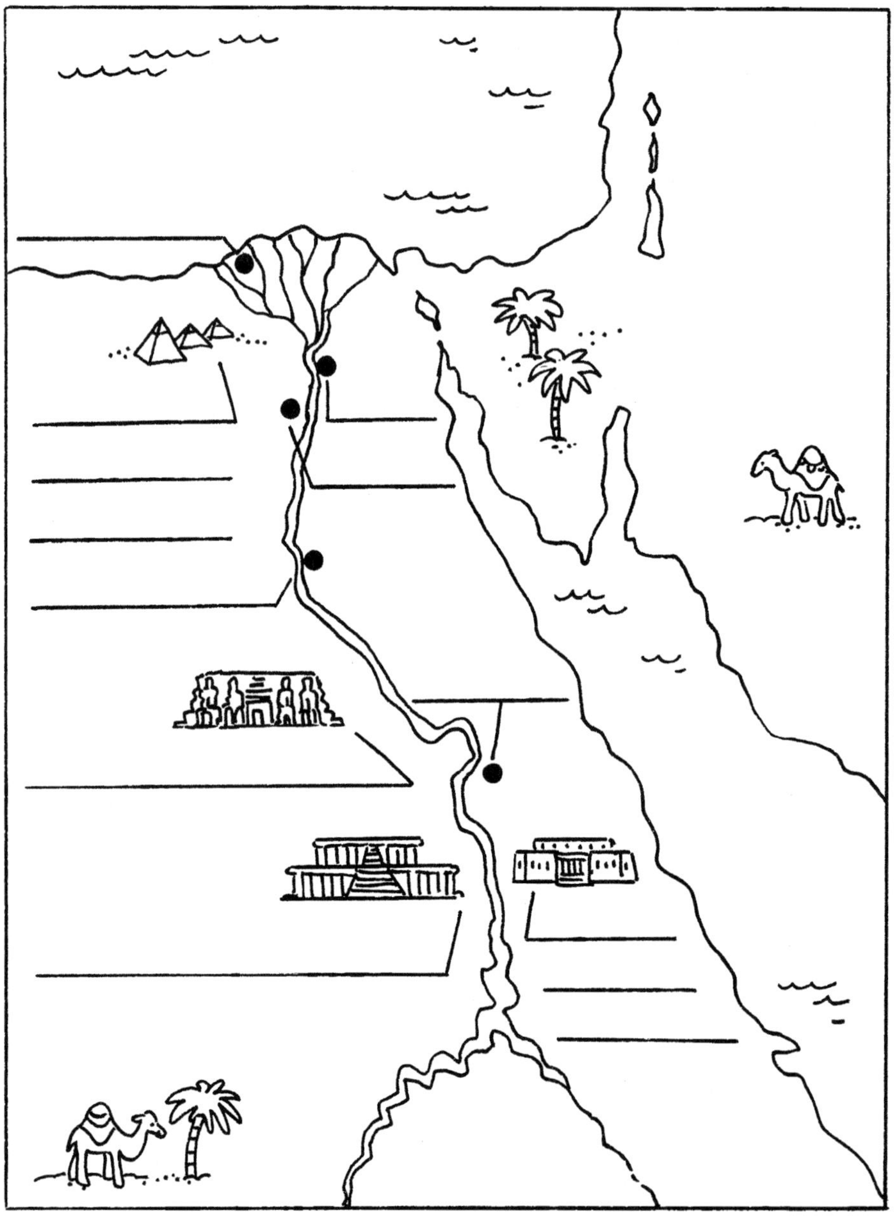

A3 Präsentiert eure Ergebnisse gemeinsam an der Tafel.

LS 02 Eine Zeitleiste erstellen

		Zeitrichtwert	Lernaktivitäten	Material	Kompetenzen
1	PL	5′	L gibt einen Überblick über den Ablauf der bevorstehenden Stunde und erklärt, dass die Schüler eine Zeitleiste zur Geschichte des Alten Ägypten erstellen werden.		- sinnentnehmend lesen - mit einem Zufallspartner arbeiten - Entscheidungen treffen - sich mit den Gruppenmitgliedern einigen - Arbeitsergebnisse präsentieren
2	EA	5′	S erhalten den einführenden Text und bearbeiten die Aufgaben dazu.	M1.A1–2	
3	PA	5′	S besprechen ihr Ergebnis mit einem Zufallspartner.	M1.A3	
4	PL	5′	Präsentation der Ergebnisse an der Tafel.	Bilder von M1 vergrößert, Kärtchen (DIN A5)	
5	GA	20′	Jeder S erhält M2. Die Gruppen einigen sich auf eine sinnvolle Gestaltung der Zeitleiste.	M1.A4, M2, Schere, Kleber,. Buntstifte	
6	PL	5′	Präsentation im Galeriegang.	M2	

Erläuterungen zur Lernspirale

Ziel der Stunde ist die handlungsorientierte Auseinandersetzung mit einem Sachtext. Die Schüler erstellen anhand der Informationen aus dem Text eine Zeitleiste zur zeitlichen Einordnung des Alten Ägypten.

Zum Ablauf im Einzelnen:
Im **1. Arbeitsschritt** erläutert der Lehrer das Vorgehen für die folgende Stunde und erklärt den Kindern, dass sie eine Zeitleiste zur Geschichte des Alten Ägypten erstellen werden.

Im **2. Arbeitsschritt** lesen die Schüler in Einzelarbeit den einführenden Text, unterstreichen die Zahlen und schreiben sie zu den passenden Bildern.

Im **3. Arbeitsschritt** tauschen sich Zufallspaare über ihre Ergebnisse aus.

Im **4. Arbeitsschritt** werden die Ergebnisse an der Tafel präsentiert. Der Lehrer hat hierzu die Bilder von M1 vergrößert sowie die dazugehörigen Jahreszahlen auf Kärtchen geschrieben, sodass diese an der Tafel zugeordnet werden können.

Im **5. Arbeitsschritt** ist es sinnvoll, heterogene Gruppen zu bilden, in denen mindestens ein leistungsstärkerer Schüler arbeitet. Dies kann erreicht werden, indem man die Karten oder Gegenstände, die man zur Bildung der Zufallsgruppen vorgesehen hat, teilt, zunächst nur die lesestärkeren Schüler ziehen lässt und danach die anderen. In den Gruppen einigen sich die Schüler auf eine sinnvolle Gestaltung der Zeitleiste und unterstützen sich gegenseitig.

Die Präsentation im **6. Arbeitsschritt** findet im Galeriegang statt. Die Gruppen wandern von Tisch zu Tisch, schauen sich die Zeitleisten der anderen an und besprechen, ob diese korrekt erstellt wurden.

✓ Merkposten

Für die Bildung der Zufallspaare und Zufallsgruppen sind geeignete Losgegenstände (Kartenspiel, Paar-, Ziffern- oder Buchstabenkarten) mitzubringen.

Bilder von M1 für den 4. Arbeitsschritt auf DIN-A3-Format hochkopieren.

Tipp
Die vergrößerten Bilder von M1 können zur Gestaltung eines Klassenzeitstrahls, z. B. auf einer Tapetenbahn, verwendet werden.

Notizen:

02 Eine Zeitleiste erstellen

A1 Unterstreiche alle Jahreszahlen im Text.

Ägypten – eine alte Hochkultur

Die ägyptische Geschichte beginnt um 3000 v. Chr. Damals erfanden die Ägypter ihre Schrift, die Hieroglyphen.
Zwischen 2620 und 2500 v. Chr. entstanden die berühmten Pyramiden von Giseh.
Erst vor etwa hundert Jahren entdeckten Archäologen die Mumie des Pharaos Tutanchamun im Tal der Könige. Er lebte von 1341–1323 v. Chr.
Die Zeit des Alten Ägypten endete im Jahr 30 v. Chr., als die Römer das Land eroberten.

A2 Schreibe die Jahreszahlen unter die passenden Bilder.

A3 Besprich deine Ergebnisse mit denen deines Partners.

A4 Einigt euch in der Gruppe auf eine sinnvolle Gestaltung der Zeitleiste M2.
Nutzt dazu die Informationen dieser Seite. Ihr könnt die Bilder ausschneiden und aufkleben oder selbst Bilder malen.

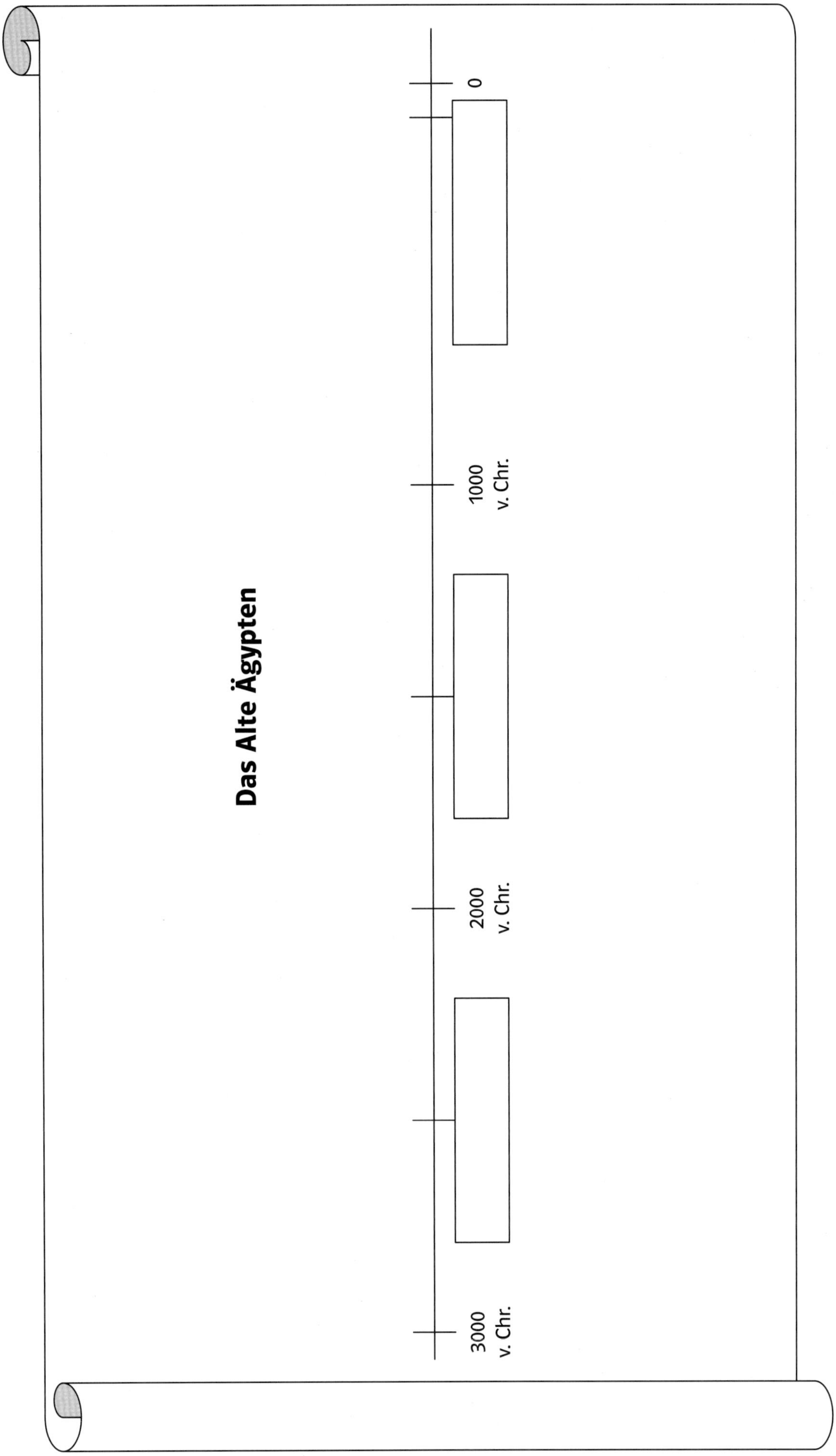
Das Alte Ägypten
0
1000 v. Chr.
2000 v. Chr.
3000 v. Chr.

LS 03 Der Nil und seine Bedeutung für die ägyptischen Bauern

		Zeitrichtwert	Lernaktivitäten	Material	Kompetenzen
1	PL	5′	L gibt einen Überblick über den Ablauf der bevorstehenden Stunde.		- sinnentnehmend lesen - Textinformationen gestalterisch umsetzen - Anschauungsmaterial selbst gestalten - eigene Meinung begründet vertreten - andere Meinungen überprüfen und zulassen - konstruktiv diskutieren - zielgerichtet arbeiten und kooperieren - Entscheidungen treffen und Bewertungen vornehmen
2	EA	15′	S lesen den Text und unterstreichen alle Informationen zu den drei Jahreszeiten der ägyptischen Bauern.	M1.A1–2	
3	GA	15′	S vergleichen ihre Lösungen in Zufallsgruppen zu je drei Schülern und erstellen zu jeder Jahreszeit einen Spickzettel.	M1.A3	
4	PL	10′	Eine per Los ausgewählte Gruppe stellt die Jahreszeiten mithilfe der Spickzettel vor. Die anderen S ergänzen.	M1.A4	
5	GA	20′	Jede Gruppe erhält drei Teile eines Jahreszeitenkreises und gestaltet sie entsprechend der jeweiligen Jahreszeiten.	M2.A1–2	
6	PL	15′	Die Gruppen legen ihre Jahreszeitenkreise auf Tischen aus. Die S beurteilen die Gestaltung der Jahreszeitenkreise anhand eines Bewertungsbogens, schlagen einen Gewinner vor, begründen ihre Meinung und stimmen ab, welcher Jahreszeitenkreis im Klassenzimmer aufgehängt wird.	M3.A1–3	
7	EA/ HA	10′	S gestalten einen weiteren Jahreszeitenkreis für ihre eigene Mappe.		

✓ Merkposten

Für die Bildung der Zufallspaare und Zufallsgruppen sind geeignete Losgegenstände mitzubringen.

M2 wird für die Gruppenarbeit im 5. Arbeitsschritt auf DIN-A3-Format hochkopiert.

Für die Präsentation im 6. Arbeitsschritt bereitet der Lehrer Zahlenkarten vor, um die Jahreskreise der Gruppen zu kennzeichnen und zuzuordnen.

Tipp

Wenn die Schüler für den 6. Arbeitsschritt mehr Zeit benötigen, kann der 7. Arbeitsschritt als Hausaufgabe erfolgen.

Erläuterungen zur Lernspirale

Ziel der Doppelstunde ist die handlungsorientierte Auseinandersetzung mit der Bedeutung des Nils für Ägypten und insbesondere für die Bauern zur Zeit des Alten Ägypten. Die Schüler nähern sich dem Thema mit einer mehrstufigen Textarbeit. In deren Verlauf entnehmen sie dem zugrundeliegenden Sachtext gezielt Informationen, erstellen daraus einen Spickzettel als Grundlage für eine Präsentation und entwerfen in Gruppenarbeit Anschauungsmaterial zu den drei Jahreszeiten der ägyptischen Bauern.

Zum Ablauf im Einzelnen:
Im **1. Arbeitsschritt** erläutert der Lehrer das Vorgehen für die folgende Stunde. Er verweist darauf, dass die Schüler zuerst in Einzelarbeit im **2. Arbeitsschritt** den Sachtext lesen und darin alle Informationen zu den drei Jahreszeiten der ägyptischen Bauern unterstreichen sollen. Hierbei benutzen die Schüler für jede Jahreszeit eine eigene Farbe. Im **3. Arbeitsschritt** vergleichen die Schüler in Dreiergruppen, die vorher ausgelost wurden, ihre Ergebnisse und erstellen zu jeder Jahreszeit einen Spickzettel. Die Schüler legen fest, wer zu welcher Jahreszeit Notizen auf den jeweiligen Spickzettel schreibt. Dann stellen sich die Schüler ihre Spickzettel innerhalb der Gruppe gegenseitig vor.

Dies dient zur Vorbereitung der Präsentation im Plenum im **4. Arbeitsschritt**, in dem eine Gruppe ausgelost wird und die Jahreszeiten mithilfe der Spickzettel vorstellt. Die anderen Schüler ergänzen gegebenenfalls die Informationen.

Im **5. Arbeitsschritt** arbeiten die Schüler weiter in ihrer Dreiergruppe. Jede Gruppe erhält die Umrisse eines Jahreszeitenkreises, der in drei Abschnitte unterteilt ist, und gestaltet sie entsprechend der Jahreszeiten.

Im **6. Arbeitsschritt** legen die Gruppen ihre Jahreszeitenkreise auf Tischen aus. Die Schüler beurteilen die Gestaltung der Jahreszeitenkreise anhand eines Bewertungsbogens, schlagen eine Gewinnergruppe vor, begründen ihre Meinung und stimmen ab, welcher Jahreszeitenkreis im Klassenzimmer aufgehängt wird. Der Lehrer moderiert die Präsentation und den Austausch über die Bewertung durch die Schüler.

Abschließend erstellen die Schüler im **7. Arbeitsschritt** einen weiteren Jahreszeitenkreis für ihre eigene Mappe in stiller Einzelarbeit.

03 Der Nil und seine Bedeutung für die ägyptischen Bauern

A1 Lies den Text.

A2 Unterstreiche alle Informationen über die drei Jahreszeiten der ägyptischen Bauern.
Benutze für jede Jahreszeit eine andere Farbe.

Der Nil und seine Bedeutung für die ägyptischen Bauern

Ägypten liegt im Nordosten von Afrika. In dem Land gibt es fast nur Wüste. Da es in der Wüste heiß und trocken ist, ist es für Menschen, Tiere und Pflanzen schwierig, dort zu überleben. Aber durch Ägypten fließt auch der längste Fluss der Erde: der Nil. Er ist 6853 km lang. An den Ufern des Nils ist das Land fruchtbar, weil es genügend Wasser gibt. Deshalb haben sich die Menschen hier angesiedelt. Sie bauten Getreide an und hielten Ziegen und Kühe.
Im Alten Ägypten richtete sich das Jahr der Bauern nach dem Nil, der das Land jährlich überflutete. So kannten die Bauern drei Jahreszeiten: Von Juli bis Oktober dauerte die **Überschwemmung**. Sobald in Zentralafrika die Schneeschmelze einsetzte, überschwemmte der Nil das Land zu beiden Seiten seiner Ufer und hinterließ fruchtbaren, schwarzen Schlamm, wenn das Wasser wieder zurückging. Während der **Saatzeit** ab November beackerten die Bauern das Land. Sie arbeiteten bis Februar auf den Feldern, säten und legten Bewässerungsgräben an. Die **Trockenzeit** dauerte von März bis Mai. In dieser Zeit ernteten die Bauern ihr Getreide, ihr Gemüse und ihre Früchte und kümmerten sich um die Lagerung der Ernte.

A3 Vergleicht eure Lösungen.
Teilt die drei Jahreszeiten der ägyptischen Bauern unter euch auf.
Legt fest, wer zu welcher Jahreszeit Notizen auf den Spickzettel schreibt.

1. Überschwemmung

____
____
____
____

2. Saatzeit

____
____
____
____

3. Trockenzeit

____
____
____
____

A4 Stellt euch die Jahreszeiten mithilfe der Spickzettel gegenseitig vor. Ergänzt eure Notizen, wenn ihr etwas vergessen habt.

Jahreszeitenkreis

A1 Besprecht, welche Bilder ihr zu den drei Jahreszeiten malen könnt.
Notiert, welche Einzelheiten auf den Bildern zu sehen sein sollten, damit man die Jahreszeit erkennen kann.

A2 Malt die Bilder zu den Jahreszeiten in die Abschnitte des Jahreskreises.

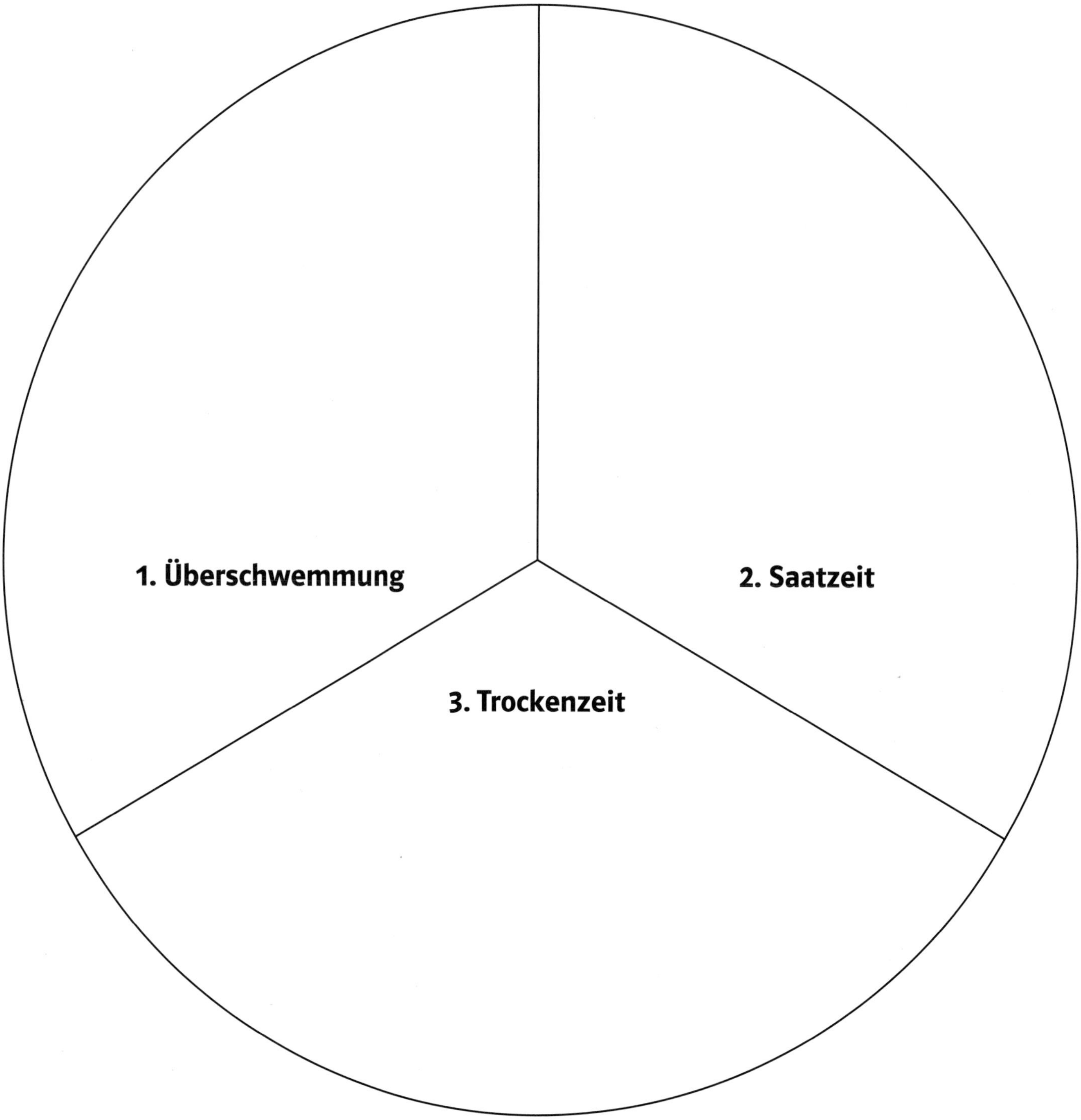

Bewertungsbogen

A1 Betrachte die Jahreszeitenkreise der einzelnen Gruppen.

A2 Kreuze an, ob die Aufgaben von den Gruppen gut (Lachgesicht), nicht so gut (gerader Mund) oder gar nicht gut (Weingesicht) erfüllt wurden.

A3 Entscheide nun, welche Gruppe die Aufgabe deiner Meinung nach am besten gelöst hat und kreuze diese Gruppe auf deinem Bewertungsbogen an.

Aufgabe erfüllt?	Gruppe 1	Gruppe 2	Gruppe 3	Gruppe 4	Gruppe 5	Gruppe 6	Gruppe 7
Kann ich die Jahreszeit erkennen?	☺ 😐 ☹	☺ 😐 ☹	☺ 😐 ☹	☺ 😐 ☹	☺ 😐 ☹	☺ 😐 ☹	☺ 😐 ☹
Sind die Bilder sorgfältig gezeichnet? (passende Farben, wichtige Einzelheiten erkennbar)	☺ 😐 ☹	☺ 😐 ☹	☺ 😐 ☹	☺ 😐 ☹	☺ 😐 ☹	☺ 😐 ☹	☺ 😐 ☹

LS 04 Der Pharao

		Zeitrichtwert	Lernaktivitäten	Material	Kompetenzen
1	PL	5′	L gibt einen Überblick über den Ablauf der bevorstehenden Stunde.		– sinnentnehmend lesen – Sachtext einer bildlichen Darstellung zuordnen – Quizfragen zu einem Sachthema entwickeln – eigene Meinung begründet vertreten – andere Meinungen überprüfen und zulassen – konstruktiv diskutieren – zielgerichtet arbeiten und kooperieren – Arbeitsmethoden reflektieren
2	EA	15′	S ordnen den Texten über den Pharao die passenden Bilder zu.	M1.A1	
3	PA	10′	S vergleichen ihre Lösungen mit einem zugelosten Partner und überprüfen ihre Lösungen per Selbstkontrolle.	M1.A2	
4	GA	25′	Je zwei Tandems entwickeln in Gruppenarbeit mindestens sechs Quizfragen zum Thema.	M1.A3, Kärtchen (DIN A6)	
5	PL	20′	Ausgeloste Gruppensprecher stellen ihre Quizfragen im Plenum.	Quizfragen	
6	PL	15′	S führen Methodenreflexion durch.		

✓ Merkposten

Für die Bildung der Zufallspaare und Zufallsgruppen sind geeignete Losgegenstände mitzubringen.

Das Lösungsplakat besteht aus dem vergrößerten und auf Karton aufgeklebten Arbeitsblatt M1, das bereits mit den Lösungen versehen ist.

Quizkärtchen vorbereiten

Pro Gruppe wird ein Gruppensprecher ausgelost. Dazu bereitet der Lehrer vier Kärtchen vor. Drei bleiben unbeschriftet, auf einer steht „Glückwunsch". Der Schüler, der diese Karte zieht, stellt die Fragen der Gruppe im Plenum.

Tipp
Bei untrainierten Lerngruppen empfiehlt es sich, Beispiele zur Entwicklung von Fragen zu einem Sachtext im Plenum vorzubesprechen.

Erläuterungen zur Lernspirale

Ziel der Doppelstunde ist die selbstständige Aneignung wichtiger Informationen zum Thema „Pharao". Durch die eigenständige Entwicklung von Quizfragen zum Thema erhalten die Schüler die Gelegenheit, ihr Wissen zu vertiefen und nachhaltig zu festigen.

Zum Ablauf im Einzelnen:
Im **1. Arbeitsschritt** erläutert der Lehrer das Vorgehen für die folgende Stunde. Er verweist darauf, dass die Schüler im **2. Arbeitsschritt** zuerst in Einzelarbeit die kurzen Sachtexte zum Thema „Pharao" lesen und den passenden Abbildungen zuordnen sollen.

Im **3. Arbeitsschritt** vergleichen die Schüler ihre Zuordnungen mit denen eines Zufallspartners und nutzen ein Lösungsplakat zur Selbstkontrolle. Das Lösungsplakat stellt der Lehrer an einem geeigneten Ort in der Klasse zur Verfügung, z. B. hinter der Tafel (siehe Merkposten).

Sobald zwei Tandems diesen Arbeitsschritt beendet haben, finden sie sich zu einer Viergruppe zusammen und entwickeln im **4. Arbeitsschritt** mindestens sechs Quizfragen zum Thema „Pharao". Dazu nutzen sie die Informationen auf M1. Soweit vorhanden, können die Schüler auch Bücher und zusätzliche Quellen zum Thema verwenden. Sie notieren ihre Fragen und die dazugehörigen Antworten auf Quizkärtchen, die ihnen der Lehrer zur Verfügung stellt.

Vorbereitend zur Präsentation der Fragen im **5. Arbeitsschritt** lost der Lehrer in jeder Gruppe einen Gruppensprecher aus. Diese stellen dann in loser Reihenfolge die Fragen ihrer Gruppe im Plenum. Dabei sollen die Gruppensprecher und auch die Lerngruppe darauf achten, dass Wiederholungen vermieden und Fragen nicht doppelt gestellt werden. Die im Plenum bearbeiteten Fragen werden mit Magneten an der Tafel befestigt. So entsteht eine Fragensammlung zum Thema „Pharao", die zu einem geeigneten Zeitpunkt, etwa in einer Freiarbeitsphase, abgeschrieben und in der Sachunterrichtsmappe abgeheftet werden kann. Alternativ kann ein Schüler diese Aufgabe übernehmen und die Fragensammlung für die gesamte Lerngruppe kopiert werden.

Im **6. Arbeitsschritt** führen die Schüler eine vom Lehrer moderierte Methodenreflexion durch.

Notizen:

04 Der Pharao

A1 Lies die Texte und betrachte die Bilder.
Verbinde die Texte mit den dazu passenden Bildern.

Die Ägypter verehrten den Pharao als König und als Gott. Sie glaubten, dass er für die Nil-Überschwemmung sorgen und wie die Priester mit den Göttern reden konnte.

Fast immer war der Pharao ein Mann. Aber manchmal wurde auch eine Frau Pharao, wie Königin Hatschepsut. Ihr Tempel ist eines der schönsten Bauwerke der Welt. Man kann ihn heute noch in Ägypten besichtigen.

Jeder Pharao hatte einen eigenen Tempel und ein großes, prächtiges Grab. Die Ägypter glaubten an ein Leben nach dem Tod und gaben dem Pharao deshalb alles mit ins Grab, was er brauchte: Dienerstatuen, Nahrung, Kleider, Möbel und Schätze. Die Pyramiden sind die berühmtesten Grabmäler, aber es gibt auch Grabmäler, die in Fels gehauen wurden.

Der Pharao war sehr mächtig. Alle Ägypter mussten ihm treu ergeben dienen und gehorchen. Aber er hatte auch viele Pflichten. Er war oberster Heerführer und Herrscher. Zu seinen Aufgaben gehörte es, neues Land zu erobern und sein Volk vor Feinden zu schützen. Den Pharao erkannte man an seinem langen schmalen Bart, den er als Symbol seiner Stärke trug.

A2 Vergleiche deine Lösungen mit denen deines Partners.

A3 Lest die Informationen über die Pharaonen noch einmal durch.
Entwickelt mindestens sechs Fragen dazu und notiert sie auf Quizkärtchen.
Die Antworten schreibt ihr auf die Rückseite.

LS 05 Götter

		Zeitrichtwert	Lernaktivitäten	Material	Kompetenzen
1	PL	5′	L gibt einen Überblick über den Ablauf der bevorstehenden Stunde.		- sinnentnehmend lesen - Schlüsselwörter in einen Lückentext einsetzen - Schlüsselwörter markieren - einen Steckbrief erstellen - zielgerichtet arbeiten und kooperieren - Arbeitsergebnisse anhand einer Overheadfolie präsentieren
2	EA	10′	S füllen einen Lückentext zum Thema „Götter im Alten Ägypten" aus.	M1.A1–2	
3	PA	5′	S vergleichen ihre Lösungen mit einem zugelosten Partner und finden Text zur Selbstkontrolle hinter der Tafel.	M1.A3, M2	
4	PL	10′	S lesen der Reihe nach jeweils einen Satz vor.	M1	
5	GA	25′	S erstellen in arbeitsteiliger Gruppenarbeit Steckbriefe zu verschiedenen Göttern. Dazu lesen sie einen Text, markieren wichtige Informationen und übertragen sie auf einen auf Overheadfolie vorgedruckten Steckbrief.	M3, M4, M5, Folienstifte	
6	PL	20′	Zu jedem Gott stellt eine ausgeloste Gruppe ihren Steckbrief anhand der Overheadfolie vor.	M1.A3	
7	EA / HA	15′	S übertragen die Steckbriefe der anderen Gruppen auf die Vordrucke, sodass jeder Schüler von jedem Gott einen Steckbrief hat.	M1.A3	

✓ Merkposten

Die Vordrucke für die Steckbriefe werden in ausreichender Anzahl für alle Schüler kopiert.

Pro Gruppe wird ein Vordruck zusätzlich für die Präsentation auf Overheadfolie kopiert.

Tipp

Es ist sinnvoll, die Schüler auf die Schreibweise des Eigennamens „Altes Ägypten" aufmerksam zu machen und die Großschreibweise zu erklären.

Der Lehrer kann den Lösungstext zur Selbstkontrolle vergrößert kopieren und hinter der Tafel befestigen.

Erläuterungen zur Lernspirale

Ziel der Doppelstunde ist die mehrstufige Erarbeitung zunächst allgemeiner Informationen über Gottheiten des Alten Ägypten bis hin zu Detailwissen über einzelne Götter und Göttinnen.

Zum Ablauf im Einzelnen:
Im **1. Arbeitsschritt** erläutert der Lehrer das Vorgehen für die folgende Stunde. Er verweist darauf, dass die Schüler im **2. Arbeitsschritt** zuerst in Einzelarbeit einen Lückentext zum Tema „Götter im Alten Ägypten" bearbeiten sollen.

Im **3. Arbeitsschritt** vergleichen die Schüler mit einem Zufallspartner ihre Lösungen. Als Möglichkeit zur Selbstkontrolle und auch zur Differenzierung bei leseschwächeren Schülern kann der Lösungstext den Schülern hinter der Tafel zur Verfügung gestellt werden.

Dies dient zur Vorbereitung der Präsentation im Plenum im **4. Arbeitsschritt**, in dem die Schüler der Reihe nach jeweils einen Satz des Textes vorlesen und eventuelle Abweichungen miteinander klären und verbessern können.

Im **5. Arbeitsschritt** erstellen die Schüler in arbeitsteiliger Gruppenarbeit Steckbriefe zu verschiedenen Göttern. Dazu lesen sie einen Text, markieren wichtige Informationen und übertragen sie auf einen auf Overheadfolie vorgedruckten Steckbrief. Die genaue Vorgehensweise innerhalb der Gruppenarbeit entnehmen die Schüler ihrer Gruppenarbeitskarte (M3). Der Lehrer lost vorbereitend Dreiergruppen aus und verteilt die Texte zu den verschiedenen Göttern. Je nach Klassenstärke bearbeiten immer zwei Gruppen den gleichen Text. Die vorgedruckten Steckbriefe mit den Abbildungen der Götter liegen im Klassenraum aus, sodass die Schüler anhand der aus dem Text gewonnenen Informationen den richtigen Vordruck aussuchen können.

Zu jedem Gott stellt im **6. Arbeitsschritt** eine ausgeloste Gruppe ihren Steckbrief anhand der von ihr vorbereiteten Overheadfolie vor.

Abschließend übertragen die Schüler im **7. Arbeitsschritt** in Einzelarbeit die Steckbriefe der anderen Gruppen auf die Vordrucke, sodass jeder Schüler von jedem Gott einen Steckbrief für seine Sachunterrichtsmappe hat.

Notizen:

05 Götter

LS 05.M1 – Lückentext

A1 Lies den Text aufmerksam.

A2 Setze die Lösungswörter ein, die unter dem Text stehen.

Götter

Im ______________________ verehrten die Menschen viele verschiedene Götter. Sie nahmen ihre Religion sehr ernst. Deshalb stellten sie Figuren ihrer ______________________ in ihren ______________________ auf und beteten dort.
Für alle wichtigen Götter bauten sie ______________________, die jedoch nur von Priestern betreten werden durften. Dort gaben die Priester die ______________________ der Menschen an die Götter weiter.
Die Alten Ägypter stellten ihre Götter meistens als menschliche Gestalten mit ______________________ dar. So hatte der Wassergott Sobek zum Beispiel einen ______________________.
Der mächtigste Gott war Amun-Re, der ______________________. Er wurde von allen Ägyptern verehrt. Seine Aufgabe war es, den Pharao zu schützen, der für die Alten Ägypter das Bindeglied zwischen den Menschen und den Göttern war. Auch der ______________________ hatte einen Tempel und wurde wie ein Gott verehrt.

Alten Ägypten, Pharao, Häusern, Tempel, Sonnengott, Gebete und Bitten,
Aufgabe, Tierköpfen, Hauptgötter, Krokodilskopf

A3 Vergleiche deine Lösung mit der deines Partners.

LS 05.M2 – Lösungstext zur Selbstkontrolle

Götter

Im Alten Ägypten verehrten die Menschen viele verschiedene Götter. Sie nahmen ihre Religion sehr ernst. Deshalb stellten sie Figuren ihrer Hauptgötter in ihren Häusern auf und beteten dort.
Für alle wichtigen Götter bauten sie Tempel, die jedoch nur von Priestern betreten werden durften. Dort gaben die Priester die Gebete und Bitten der Menschen an die Götter weiter.
Die Alten Ägypter stellten ihre Götter meistens als menschliche Gestalten mit Tierköpfen dar. So hatte der Wassergott Sobek zum Beispiel einen Krokodilskopf.
Der mächtigste Gott war Amun-Re, der Sonnengott. Er wurde von allen Ägyptern verehrt. Seine Aufgabe war es, den Pharao zu schützen, der für die Alten Ägypter das Bindeglied zwischen den Menschen und den Göttern war. Auch der Pharao hatte einen Tempel und wurde wie ein Gott verehrt.

LS 05.M3 – Gruppenarbeitskarte

1. Lest den Text.
2. Markiert
   - den Namen des Gottes rot.
   - die Informationen über seine Familie blau.
   - seine Aufgabe grün.
   - sein Erkennungsmerkmal gelb.
3. Sucht mithilfe der Beschreibung des Gottes den Vordruck für euren Steckbrief heraus und füllt ihn aus.
4. Übertragt den Steckbrief auf die Overheadfolie.

LS 05.M4 – Texte

Osiris – ein Gott der Unterwelt

Osiris herrscht über die Unterwelt. Er ist der Gott der Toten und der Auferstehung. Er entscheidet, ob ein Verstorbener ein Leben nach dem Tod führen darf oder nicht.

Er ist der Bruder und Ehemann der Göttin Isis und Vater des Gottes Horus.

Osiris ist meist wie ein Pharao mit Krone, Krummstab und Geißel dargestellt.

Horus – ein Gott des Himmels

Horus ist der Schutzgott des Pharaos. Er versucht den Mord an seinem Vater zu rächen und wird Pharao. Deshalb setzt man jeden lebenden Pharao mit Horus gleich: Der jeweilige Pharao ist Horus, also ein Gott.

Er wird auch als Himmelsgott verehrt. Sonne und Mond werden als seine Augen gesehen. Mit ihnen erleuchtet er die Welt am Tag und in der Nacht.

Horus ist der Sohn von Isis und Osiris.

Er hat den Kopf eines Falken und trägt die doppelte Königskrone.

Isis – eine Göttin der Fruchtbarkeit

Isis ist die Geburtsgöttin. Kinder gelten als das wertvollste Geschenk der Götter.

Die Ägypter verehren Isis als Göttin der Liebe. Sie gilt als Vorbild für die Mütter und ist die Schutzherrin der Kinder.

Sie ist die Schwester und die Frau von Osiris. Zusammen haben sie den Sohn Horus.

Isis wird oft mit Kuhhörnern und Sonnenscheibe auf dem Kopf dargestellt.

Seth – ein Gott des Krieges

Seth ist der Gott des Unfriedens und des Krieges. Er steht für das Böse. In Kriegszeiten bittet der Pharao um seinen Schutz.

Seth wird als Wüstengott und Beschützer der Oasen verehrt.

Sein Bruder ist der Gott Osiris, seine Schwester die Göttin Isis. Seth ermordet seinen Bruder Osiris.

Seth wird oft mit dem Kopf eines Vogels dargestellt. Man erkennt ihn an seinem spitzen, langen Schnabel und den aufstehenden Ohren.

LS 05.M5 Vordrucke für Steckbriefe

Steckbrief

Name der Gottheit: ______________________

Wird verehrt als:

____

____

Besonderheit:

____

____

Familie:

____

____

Erkennungsmerkmal:

____

____

Steckbrief

Name der Gottheit: ______________________

Wird verehrt als:

____

____

Besonderheit:

____

____

Familie:

____

____

Erkennungsmerkmal:

____

____

Steckbrief

Name der Gottheit: ______________________

Wird verehrt als:

____

____

Besonderheit:

____

____

Familie:

____

____

Erkennungsmerkmal:

____

____

Steckbrief

Name der Gottheit: ______________________

Wird verehrt als:

____

____

Besonderheit:

____

____

Familie:

____

____

Erkennungsmerkmal:

____

____

LS 06 Hieroglyphen

		Zeitrichtwert	Lernaktivitäten	Material	Kompetenzen
1	PL	5′	L gibt einen Überblick über den Ablauf der bevorstehenden Stunde und liest den einführenden Text vor.	M1	- dem Lehrervortrag zuhören - mit einem Zufallspartner zusammenarbeiten - zielgerichtet arbeiten und kooperieren
2	EA	5′	S erhalten M1 und schreiben die fehlenden Bedeutungen zu den Hieroglyphen.	M1.A1	
3	PA	5′	S besprechen ihre Ergebnisse mit ihrem Schulterpartner.	M1.A2	
4	PL	5′	Präsentation an der Tafel nach Zufallsprinzip	M1 (vergrößert)	
5	GA	10′	Zufallsgruppen erhalten M2 , lesen und lösen die Aufgaben und schreiben entsprechend der Vorgabe die Namen ihrer Gruppenmitglieder in Hieroglyphen in die Kartuschen und überprüfen sich gegenseitig.	M2.A1–3, Schere	
6	GA	10′	Kartuschen werden eingesammelt und neu in den Gruppen verteilt und dort entziffert	M2.A4	
7	EA	5′	S kleben ihre Kartuschen auf ihren Tisch oder auf ein Plakat.	Plakat, Kleber	

Erläuterungen zur Lernspirale

Ziel der Stunde ist die handlungsorientierte Auseinandersetzung der Schüler mit der Bilderschrift der Alten Ägypter.

Zum Ablauf im Einzelnen:
Im **1. Arbeitsschritt** erläutert der Lehrer das Vorgehen für die folgende Stunde und liest den einführenden Text vor. Im Anschluss daran präsentiert er die Bildzeichen an der Tafel. Bei einigen fehlen die Bedeutungen, die die Schüler im **2. Arbeitsschritt** auf M1 ergänzen sollen. Dazu müssen die Schüler sich die Bildzeichen genau ansehen und nähern sich so in einem ersten Schritt der fremden Schrift an.

Im **3. Arbeitsschritt** tauschen sich die Schüler mit einem Zufallspartner aus.

Im **4. Arbeitsschritt** werden die Lösungen der Schüler an der Tafel präsentiert.

Im Anschluss an diesen Arbeitsschritt kann es in schwachen Lerngruppen oder in methodisch nicht geübten Klassen sinnvoll sein, an der Tafel ein Beispiel für einen Namen in Hieroglyphen zu präsentieren und gemeinsam mit den Kindern im Plenum zu entziffern. Dies könnte etwa der Name des Lehrers sein.

Im **5. Arbeitsschritt** werden Zufallsgruppen gebildet. Jede Gruppe erhält M2 und löst die Aufgaben A1. Anschließend schreiben die Schüler ihren eigenen und die Namen ihrer Gruppenmitglieder in Hieroglyphen auf. Die Fehlerkontrolle geschieht durch Austausch der beschriebenen Kartuschen in der Gruppe.

Nachdem jeder die Kartusche mit seinem eigenen Namen ausgeschnitten hat, werden diese im **6. Arbeitsschritt** eingesammelt und an andere Gruppen ausgeteilt, die wiederum versuchen, die Namen zu entziffern.

Im **7. Arbeitsschritt** kann jeder Schüler seine Kartusche auf seinen Tisch kleben. Sollte dies nicht möglich sein, können die Kartuschen auch zusammen auf einem Plakat präsentiert werden.

Notizen:

✓ Merkposten

Für die Bildung der Zufallsgruppen sind geeignete Losgegenstände (Kartenspiel, Paar-, Ziffern- oder Buchstabenkarten) mitzubringen.

M1 ist auf DIN-A3-Format hochzukopieren, damit die Hieroglyphen an der Tafel präsentiert werden können. Alternativ kann auch eine Folie angefertigt und am OHP gezeigt werden.

Lösung M1:
B = Bein
D = Hand
E = Unterarm
F = Schlange
K = Korb
L = Löwe
M = Eule
N = Wasser
R = Mund
T = Brot

06 Hieroglyphen

Die ägytische Schrift bestand aus etwa 7000 Bildzeichen. Die Bilder bezeichneten Dinge und Lebewesen aus dem Leben der Ägypter. Die Bilder konnten aber auch für einzelne Buchstaben stehen. So benutzte man das Bild des Geiers, wenn man über den Vogel schreiben wollte, aber auch für den Buchstaben A.

A1 Hier siehst du einige Hieroglyphen mit den Buchstaben, für die sie standen.
Ergänze die fehlenden Bedeutungen aus dem Kasten.

Bein, Brot, Eule, Hand, Korb, Löwe, Mund, Schlange, Seil, Unterarm, Wasser

A  Geier	B 	C 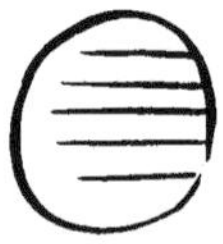 Brunnenschacht	D 	E 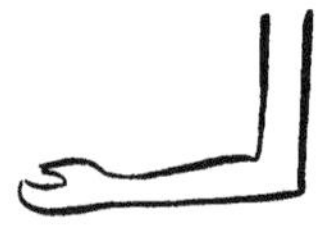	F 
G  Krugständer	H  Hof	I  Schilfblatt	J  2 x Schilfblatt	K 	L 
M 	N 	O  Kringel	P  Hocker	Q  Abhang	R 
S  gefalteter Stoff	T 	U V W  Wachtelküken	X  Korb und gefalteter Stoff	Y  2 x Schilfblatt	Z  Türriegel

A2 Besprich deine Ergebnisse mit denen eines Partners.

Im Alten Ägypten schrieb man die Namen der Pharaonen in eine Kartusche.
Das war eine ovale Umrahmung.

A1 Wie heißen diese Namen?

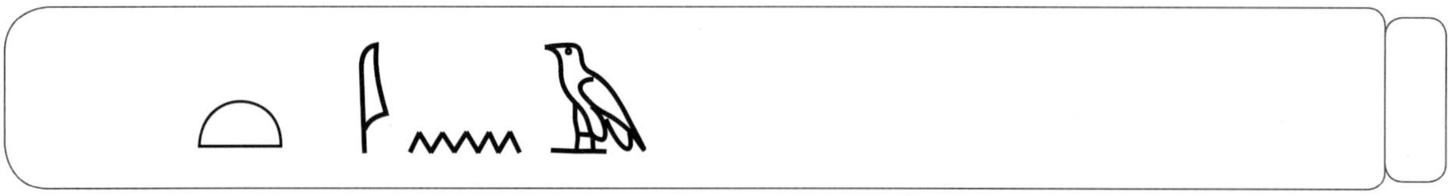

A2 Schreibe nun deinen eigenen Namen und anschließend die deiner Gruppenmitglieder in Hieroglyphen in die Kartuschen.

A3 Tauscht die Kartuschen in der Gruppe aus und überprüft gegenseitig eure Schreibungen.

A4 Löst gemeinsam die Hieroglyphen-Schrift einer anderen Gruppe.

LS 07 Schule im Alten Ägypten

		Zeitrichtwert	Lernaktivitäten	Material	Kompetenzen
1	PL	5′	L gibt einen Überblick über den Ablauf der bevorstehenden Stunde, zeigt das Bild von M1 und liest den einführenden Text vor.	M1 (auf Folie), OHP	- sinnentnehmend lesen - einen Zufallspartner akzeptieren - passende Fragen zu vorgegebenen Antworten formulieren - ein szenisches Spiel entwickeln
2	EA	10′	S erhalten den einführenden Text und bearbeiten die Aufgaben dazu.	M1.A1	
3	PA	15′	S stellen sich gegenseitig ihre Ergebnisse im Doppelkreis vor und tauschen sich darüber aus.	M1.A2	
4	GA	20′	Jeder S erhält M2. Die Gruppen ergänzen die Fragen zum Interview.	M2.A1	
5	PA	15′	S üben das Interview im Tandem als szenisches Spiel ein.	M2.A2	
6	PL	20′	Mehrere ausgewählte Tandems präsentieren das Interview als szenisches Spiel im Plenum.	M2.A2	
7	PL	5′	S reflektieren die Arbeitsmethode.		

✓ Merkposten

Für die Bildung der Zufallspaare und Zufallsgruppen sind geeignete Losgegenstände (Kartenspiel, Paar-, Ziffern- oder Buchstabenkarten) mitzubringen.

Bild von M1 auf Folie kopieren.

Tipp
M2.A3 kann als Hausaufgabe oder als Differenzierungsmöglichkeit für schneller arbeitende Gruppen oder Tandems genutzt werden.

Erläuterungen zur Lernspirale

Ziel der Doppelstunde ist die mehrstufige Erarbeitung von Informationen über das altägyptische Schulsystem. Nach einem Sachtext mit allgemeinen Informationen führen die Schüler ein fiktives Interview mit einem Schüler der damaligen Zeit. Sowohl das Formulieren der Fragen zu den vorgegebenen Antworten als auch das erneute Adaptieren im szenischen Spiel führen zu einem vertieften Textverständnis.

Zum Ablauf im Einzelnen:
Im **1. Arbeitsschritt** erläutert der Lehrer das Vorgehen für die folgende Stunde und zeigt das Bild (M1) auf Folie. Es bietet sich ein Gespräch über die dargestellte Situation an, damit die Schüler sich leichter darin einfühlen können und um das nachfolgende Interview vorzuentlasten. Dann liest der Lehrer den Kindern den einführenden Text vor.

Im **2. Arbeitsschritt** lesen die Schüler in Einzelarbeit den einführenden Text und markieren richtige und falsche Aussagen.

Im **3. Arbeitsschritt** tauschen sich die Schüler über ihre Ergebnisse im Doppelkreis aus. Dabei sitzen oder stehen sie sich in einem Innen- und einem Außenkreis paarweise gegenüber und berichten sich wechelseitig, bevor einer der Kreise rotiert und so beliebig viele Partnerkonstellationen entstehen, in denen die Ergebnisse verglichen werden können. Sollten sich dennoch Unstimmigkeiten ergeben, kann der Lehrer hier korrigierend eingreifen.

Im **4. Arbeitsschritt** ist es sinnvoll, heterogene Gruppen zu bilden, in denen mindestens ein leistungsstärkerer Schüler arbeitet. Dies kann erreicht werden, indem man die Karten oder Gegenstände, die man zur Bildung der Zufallsgruppen vorgesehen hat, teilt und zunächst nur lesestärkeren Schüler ziehen lässt. Danach erst ziehen die anderen Kinder. In den Gruppen formulieren die Schüler passende Fragen zu den vorgegebenen Antworten im Interview.

Im **5. Arbeitsschritt** bilden die Gruppen jeweils zwei Tandems. Ein Tandem übt den ersten Teil des Interviews, das andere den zweiten Teil. Diese Einteilung kann mit den Buchstaben A und B auf der Rückseite von M2 bereits vor dem Austeilen markiert werden. Da im ersten Teil des Interviews weniger Text zu lesen ist, eignet er sich besonders für schwächere Schüler. Die Tandempartner einigen sich, wer die Rolle des Reportes und wer die des ägyptischen Jungen übernimmt. Dann markieren sie ihre Textpassagen und üben mit dieser Textvorlage die Präsentation des Interviews ein. Inwieweit die Schüler ihren Text dabei ablesen oder frei sprechen, hängt von ihren jeweiligen Leistungsmöglichkeiten ab und davon, wie geübt die Klasse in dieser Arbeitsmethode ist. Der Lehrer schätzt die Lernausgangslage diesbezüglich ein und formuliert die Arbeitsanweisung entsprechend.

Die Präsentation des szenischen Spiels erfolgt im **6. Arbeitsschritt.** Je nach zur Verfügung stehender Zeit stellen mehrere ausgeloste Tandems ihre Version des Interviews als szenisches Spiel im Plenum vor.

Eine Methodenreflexion kann sich im **7. Arbeitsschritt** anschließen.

07 Schule im Alten Ägypten

Ahmose, Hori und Pepi sind neun Jahre alt und gehen in die Schule. Ihre Väter sind Schreiber von Beruf und sie sollen auch einmal Schreiber werden.

Die meisten Kinder besuchen keine Schule. Die Söhne von Handwerkern und Bauern bekommen das Wissen und die Fertigkeiten, die sie für ihren Beruf brauchen, von ihren Vätern beigebracht.

Mädchen gehen nicht in die Schule. Sie lernen von ihren Müttern kochen, backen, putzen, tanzen und musizieren. Normalerweise heiraten sie mit 12 oder 13 Jahren.

A1 Dreimal richtig (✓), dreimal falsch (×). Markiere.

- ❐ Ahmoses Vater ist Schreiber von Beruf.
- ❐ Der Vater bringt Ahmose das Schreiben bei.
- ❐ Die meisten Kinder gehen in die Schule.
- ❐ Die Söhne von Handwerkern und Bauern lernen ihren Beruf vom Vater.
- ❐ Mädchen besuchen keine Schule.
- ❐ Mädchen müssen nichts lernen, weil sie früh heiraten.

A2 Bereite dich auf die Präsentation deiner Ergebnisse vor.

Interview mit Ahmose

A1 Führt ein Interview mit Ahmose. Ergänzt dazu die Fragen zu Ahmoses Antworten.

Reporter: ______________________________

____

____

Ahmose: Wenn wir fünf Jahre alt sind, gehen wir in die Schule.

Reporter: ______________________________

______________________________?

Ahmose: Die Schule beginnt um 8 Uhr und endet um 18 Uhr. Wir haben übrigens auch samstags und sonntags Unterricht.

Reporter: ______________________________

______________________________?

Ahmose: Wir haben auch Ferien und an Feiertagen haben wir ebenfalls frei.

Reporter: ______________________________

______________________________?

Ahmose: Wir haben keine Stühle und Tische. Unser Lehrer sitzt auf einem Hocker und wir sitzen im Schneidersitz auf Matten um ihn herum.

Reporter: ______________________________

______________________________?

Ahmose: Es gibt etwa 7000 Hieroglyphen und es dauert zehn Jahre, bis man sie alle kann.

Reporter: ____

____?

Ahmose: Wir haben ein Schulbuch, die Kemit. Sie ist aber nicht auf Papier geschrieben, sondern auf kleinen Kalksteinplatten. Darauf stehen Anleitungen, wie man Briefe schreibt oder wie man sich benehmen muss. Wir müssen das abschreiben und viele Texte auswendig lernen.

Reporter: ____

____?

Ahmose: Außer schreiben, lesen und auswendig lernen, müssen wir im Kopf addieren, subtrahieren und multplizieren. Wir zeichnen Dreiecke, Rechtecke und Kreise und lernen Umfang und Fläche zu berechnen. Wir haben aber auch Wahrsagen, Erdkunde, Malen und natürlich Sport.

Reporter: ____

____?

Ahmose: Wir schreiben auf Tonscherben oder kleine Steinplatten, weil Papyrus für unsere Schreibübungen viel zu teuer ist.

Reporter: ____

____?

Ahmose: Wir schreiben mit einem angespitzen Schilfhalm. Dazu haben wir eine Palette mit Ruß und Ocker. Das rühren wir mit Wasser in einem Schälchen an. Dann haben wir schwarze und rote Tinte.

Reporter: ____

____?

Ahmose: Unser Lehrer ist sehr, sehr streng. Wir dürfen nicht sprechen und müssen alles tun, was er uns sagt. Wenn wir nicht gelernt haben, zu spät kommen oder nicht schön genug schreiben, dann schlägt er uns mit einem Stock. Er sagt immer: „Die Ohren eines Jungen sind auf dem Rücken. Er hört nur, wenn man ihn schlägt."

A2 Übt das Interview ein und spielt es der Klasse vor.

A3 Habt ihr noch mehr Fragen? Recherchiert in Büchern oder im Internet Antworten zu euren Fragen.

LS 08 Kinderspiele im Alten Ägypten und heute

		Zeitrichtwert	Lernaktivitäten	Material	Kompetenzen
1	PL	5′	L gibt einen Überblick über den Ablauf der bevorstehenden Stunde.		- sinnentnehmend lesen - einen Zufallspartner akzeptieren - Spielformen vorgegebenen Kategorien zuordnen - Arbeitsergebnisse auf einer Wandzeitung präsentieren - Arbeitsergebnisse anderer überprüfen und korrigieren - Illustrationen zu Begriffen für Aktivitäten erstellen und gestalten - eigene Meinung zu einem Thema bilden und äußern
2	EA	15′	S erhalten Abbildungen von spielenden Kindern, schneiden diese aus, sortieren sie und kleben sie in die dazugehörige Tabelle.	M1.A1–2	
3	GA	10′	S vergleichen ihre Zuordnungen in Zufallsgruppen zu je drei S.	M1.A3	
4	PL	10′	Ausgeloste Dreiergruppe präsentiert ihre Zuordnungen an der Tafel, S korrigieren und ergänzen gegebenenfalls.	M1, Magnetkärtchen	
5	GA	25′	S notieren in ihrer Stammgruppe Spielaktivitäten von heute. S unterstreichen, welche der Aktivitäten im Alten Ägypten bereits eine Rolle spielten und schreiben jede Aktivität auf ein Kärtchen, farblich geordnet nach „heute", „im Alten Ägypten" und „heute und im Alten Ägypten".	M2.A1–4, Kärtchen in 3 Farben	
6	PL	15′	Stafettenpräsentation an einer Wandzeitung aus Packpapier. S besprechen Gemeinsamkeiten und Unterschiede und äußern ihre Meinung dazu.	beschriftete Kärtchen, Packpapier	
7	EA	10′	S übertragen die Wandzeitung in ihr Heft.	Hefte	
8	HA		S illustrieren vier ausgewählte Aktivitäten von heute.	M2.A5	

✓ Merkposten

Zur Präsentation im 4. Arbeitsschritt werden die Abbildungen von M1.A1 vergrößert auf Tonpapier kopiert, auseinandergeschnitten und mit einem Magnetstreifen versehen.

Zur Präsentation im 6. Arbeitsschritt benötigen die Schüler Karteikärtchen in den Farben rot, gelb und blau.

Die Wandzeitung besteht aus einem großen Bogen Packpapier, unterteilt in drei Spalten mit den Überschriften „heute", „im Alten Ägypten" und „heute und im Alten Ägypten".

Tipp
Die Wandzeitung kann als Gestaltungselement in weiteren Unterrichtsstunden zum Thema Ägypten erweitert und fortgeführt werden.

Erläuterungen zur Lernspirale

Ziel der Doppelstunde ist die Auseinandersetzung mit der Lebenswelt der Kinder im Alten Ägypten unter dem Fokus der damals für Kinder üblichen Freizeitgestaltung. In einem mehrstufigen handlungsorientierten Verfahren erarbeiten sich die Schüler zunächst Informationen über die Spielaktivitäten der Kinder im Alten Ägypten und reflektieren dann ihre eigenen Spielmöglichkeiten, vergleichen und entdecken Gemeinsamkeiten und Unterschiede der beiden Lebenswelten.

Zum Ablauf im Einzelnen:
Im **1. Arbeitsschritt** erläutert der Lehrer das Vorgehen für die folgende Stunde.

Im **2. Arbeitsschritt** schneiden die Schüler die Abbildungen mit den Spielaktivitäten von M1.A1 aus und ordnen sie nach den auf M1.A2 vorgegebenen Kategorien „Tiere", „Spielzeug" und „draußen in der Gruppe". Anschließend kleben sie die Abbildungen in die Tabelle von M1.A2.

Im **3. Arbeitsschritt** vergleichen die Schüler ihre Zuordnungen in Gruppen zu je drei Schülern.

Im **4. Arbeitsschritt** präsentiert eine ausgeloste Dreiergruppe ihre Zuordnungen an der Tafel, auf die der Lehrer die Tabelle von M1.A2 vorbereitend übertragen hat. Dazu verwenden die Schüler Magnetkärtchen mit den Abbildungen der einzelnen Aktivitäten (siehe Merkposten).

Im **5. Arbeitsschritt** arbeiten die Schüler in ihren Stammgruppen weiter. Sie notieren alle Spielaktivitäten heutiger Zeit, die ihnen einfallen. Dann unterstreichen sie die Aktivitäten, die es im Alten Ägypten auch schon gab. Anschließend schreiben sie die Aktivitäten auf Karteikärtchen, die ihnen in drei Farben zur Verfügung stehen. Hierbei gilt: je eine Aktivität pro Karteikärtchen, farblich geordnet nach „heute", „im Alten Ägypten" und „heute und im Alten Ägypten".

Die Präsentation im **6. Arbeitsschritt** erfolgt im Rahmen einer Stafettenpräsentation, in deren Verlauf eine Wandzeitung entsteht: Die Schüler kleben ihre Kärtchen unter die entsprechenden Überschriften auf einen großen Bogen Packpapier. Dabei beachten die Schüler die Präsentationsregel „Touch – Turn – Talk" (siehe Glossar) und ergänzen nur Aktivitäten, die noch nicht genannt wurden. Die Schüler besprechen – vom Lehrer moderiert – die Unterschiede und Gemeinsamkeiten.

Im **7. Arbeitsschritt** übertragen die Schüler die Wandzeitung in ihr Heft und erhalten als **8. Arbeitsschritt** die Hausaufgabe, sich vier Aktivitäten aus der Rubrik „heute" auszusuchen und zu illustrieren (M2.A5).

08 Kinderspiele im Alten Ägypten und heute

A1 Schneide die Kärtchen mit den Spielaktivitäten entlang der Linien aus. Ordne die Kärtchen mit den Aktivitäten nach „Spiele mit Tieren“ „Spiele draußen in der Gruppe“ und „Spiele mit Spielzeug“.

A2 Klebe die Kärtchen in die Tabelle neben die entsprechende Überschrift.

Spiele mit Tieren				
Spiele draußen in der Gruppe				
Spiele mit Spielzeug				

A3 Vergleicht eure Ergebnisse in der Gruppe.

Kinderspiele im alten Ägypten und heute

A1 Überlegt, welche Spiele Kinder heute spielen.

A2 Notiert alle Spiele, die euch einfallen, auf dem Notizzettel.

A3 Unterstreicht, welche Spiele auch die Kinder im Alten Ägypten schon gespielt haben.

A4 Schreibt die Spiele auf Karteikärtchen. Geht dabei so vor:

Schreibt jeweils den Namen eines Spiels auf ein Karteikärtchen.

- Schreibt Spiele, die heute gespielt werden und im Alten Ägypten schon bekannt waren, auf rote Karteikärtchen.
- Schreibt Spiele, die es nur im Alten Ägypten gab, auf gelbe Karteikärtchen.
- Schreibt Spiele, die es heute gibt und die die Ägypter damals noch nicht kannten, auf blaue Karteikärtchen.

A5 Wähle vier Spiele aus, die Kinder heute spielen und die es zur Zeit des Alten Ägyptens noch nicht gab.

Zeichne ein Bild zu jedem Spiel in eines der Kästchen und schreibe den Namen des Spiels darunter auf die Linie.

LS 09 Mumien

		Zeitrichtwert	Lernaktivitäten	Material	Kompetenzen
1	PL	5′	L gibt einen Überblick über den Ablauf der bevorstehenden Stunde und liest den einführenden Text vor.	M1.A1	- dem Lehrervortrag zuhören - Fragen zu einem Text beantworten - mit einem Zufallspartner zusammenarbeiten - zielgerichtet arbeiten und kooperieren - Entscheidungen treffen - sich mit den Gruppenmitgliedern einigen - Arbeitsergebnisse präsentieren
2	EA	10′	S erhalten M1 und beantworten die Fragen zum Text.	M1.A1–2	
3	PA	15′	S besprechen ihre Ergebnisse im Doppelkreis.	M1.A3	
4	GA	30′	Zufallsgruppen erhalten M2, schneiden die Texte aus und ordnen diese den Bildern (M3) zu.	M2.A1, M3, Schere	
5	PL	15′	Die Gruppen präsentieren je eine Lösung an der Tafel.	M2.A2, M3, (hochkopiert auf DIN A3)	
6	EA	15′	S kleben die Texte zu den Bildern und basteln aus den Vorlagen einen „Mumienfächer“, den sie zum Schluss anmalen.	M2.A3, M3 Kleber, Locher, Briefklammer, Buntstifte	

Erläuterungen zur Lernspirale

Ziel der Doppelstunde ist die handlungsorientierte Auseinandersetzung der Schüler mit dem Vorgang der Mumifizierung im alten Ägypten.

Zum Ablauf im Einzelnen:
Im **1. Arbeitsschritt** erläutert der Lehrer das Vorgehen für die folgende Stunde und liest den einführenden Text vor.

Im **2. Arbeitsschritt** lesen die Schüler den Text und beantworten schriftlich die Fragen dazu.

Im **3. Arbeitsschritt** werden die Ergebnisse im Doppelkreis präsentiert. Dabei sitzen oder stehen sich die Schüler in einem Innen- und einem Außenkreis paarweise gegenüber und berichten sich wechelseitig, bevor einer der Kreise rotiert und so beliebig viele Partnerkonstellationen entstehen, in denen der Vortrag wiederholt werden kann.

Im **4. Arbeitsschritt** bilden sich Vierergruppen. Jede Gruppe erhält die Aufgabe, die Texte von M2 den passenden Mumienbildern (M3) zuzuordnen.

Im **5. Arbeitsschritt** präsentieren die Gruppen ihre Lösungen zu den an der Tafel ausgehängten Mumienbildern (siehe Merkposten), indem sie diesen die Texte zuordnen.

Der **6. Arbeitsschritt** erfolgt in Einzelarbeit. Die Schüler kleben die Texte zu den richtigen Mumienbildern und schneiden diese sauber aus. Danach legen sie die Bilder in der richtigen Reihenfolge aufeinander und befestigen sie mit einer Briefklammer, sodass die Bilder wie ein Fächer auseinander gezogen werden können. Hierzu sollte ein Locher bereitgehalten werden. Schließlich wird alles angemalt. Dieser Auftrag kann je nach noch vorhandener Zeit auch als Hausaufgabe gegeben werden.

✓ Merkposten

Für die Bildung der Zufallspaare und Zufallsgruppen sind geeignete Losgegenstände (Kartenspiel, Paar-, Ziffern- oder Buchstabenkarten) mitzubringen.

M3 auf DIN A3 hochkopieren

Tipp
Wenn M3 für die Schüler auf dickeres Papier kopiert wird, sind die „Mumien“ haltbarer.

Notizen:

09 Mumien

A1 Lies den Text.

Die Menschen im Alten Ägypten glaubten fest an ein Leben nach dem Tod.
Deshalb bekamen die Toten Essen, Kleidung und auch Geld mit ins Grab.
Damit der Körper in seiner natürlichen Form erhalten blieb, wurde er als Mumie haltbar gemacht.

A2 Beantworte die Fragen zum Text.

1. Woran glaubten die Menschen im Alten Ägypter?

____

____

____

2. Was gaben sie den Toten mit ins Grab?

____

____

____

3. Warum mumifizierten die Ägypter die Toten?

____

____

____

A3 Vergleicht eure Ergebnisse im Doppelkreis.

A1 Schneidet die Texte aus und ordnet sie den Mumienbildern zu.

Dann legt man die Mumie in einen schön verzierten Holzsarg.

Zunächst entfernen die Priester die inneren Organe und das Gehirn. Dann wird der Körper mit Baumharz eingestrichen.

Zwischen die Schichten aus Leinentüchern und Bandagen werden Glücksbringer und wertvolle Schmuckstücke gebunden.

Der Holzsarg wird in einen Steinsarkophag gestellt, der mit Bildern und Hieroglyphen verziert ist.

Der gesamte Körper wird ganz fest mit Leinentüchern umwickelt, die ebenfalls mit Baumharz getränkt sind.

Jetzt bekommt die Mumie eine Grabmaske auf, die das Gesicht des Toten zeigt und den Kopf schützt.

A2 Bereitet eure Präsentation vor.

A3 Bastelt einen Mumienfächer. Geht dabei folgendermaßen vor:

- Klebt die Texte zu den passenden Bildern.
- Schneidet die Bilder zusammen mit dem Text aus und legt sie in der richtigen Reihenfolge aufeinander.
- Verbindet die Bilder mit einer Briefklammer.
- Malt die Särge an.

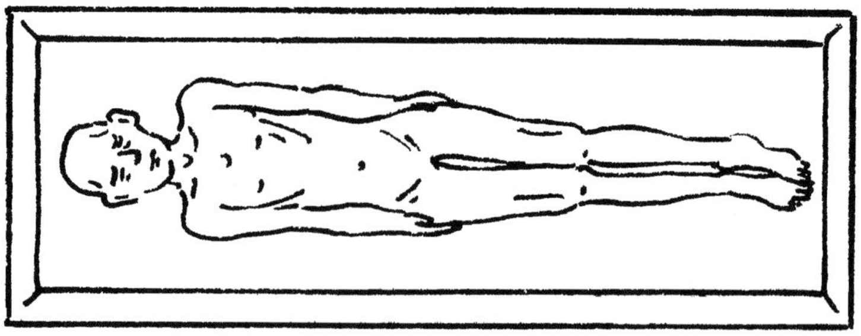

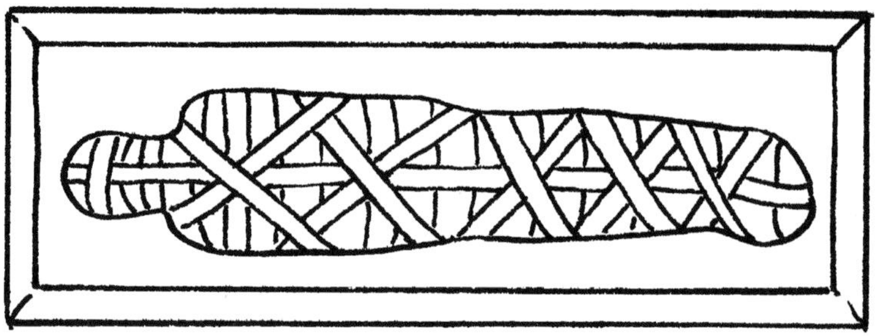

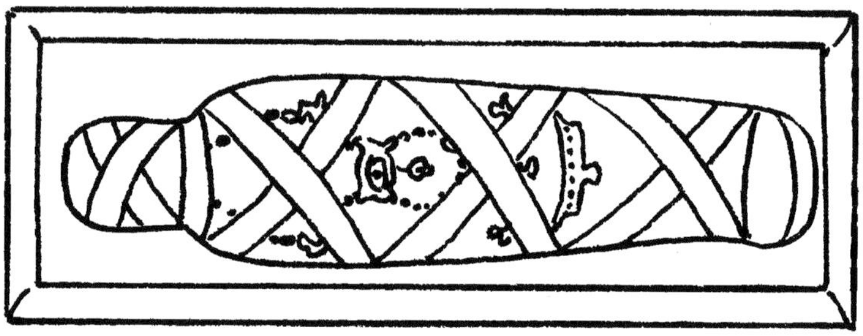

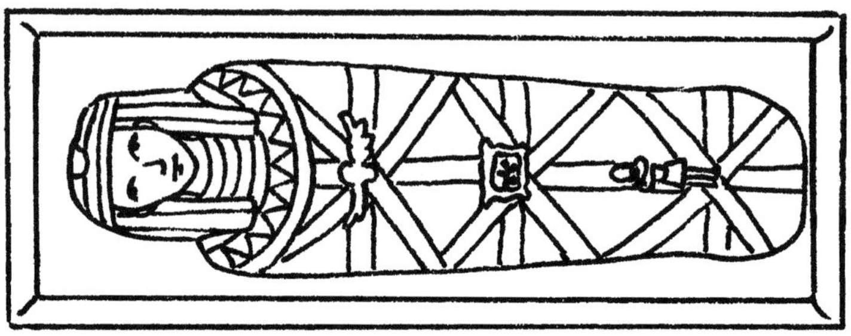

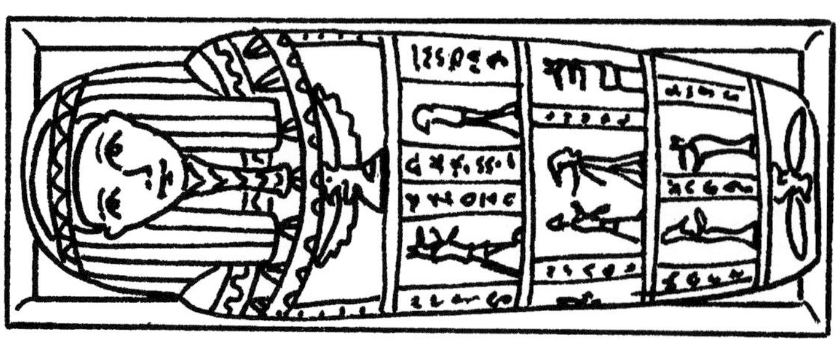

LS 10 Pyramiden

		Zeitrichtwert	Lernaktivitäten	Material	Kompetenzen
1	PL	5′	L gibt einen Überblick über den Ablauf der bevorstehenden Stunde und erklärt den Verlauf der Stationenrallye.		- sinnentnehmend lesen - zielgerichtet arbeiten und kooperieren - Entscheidungen treffen - sich mit den Gruppenmitgliedern einigen - Arbeitsergebnisse präsentieren
2	GA	50′	S lesen die Stationenkarte an der ihnen zugelosten Station und bearbeiten das dazugehörende Arbeitsblatt. Jede Gruppe bearbeitet nacheinander alle Stationen.	M1–5	
3	GA	10′	S bereiten eine Präsentation der letzten Station, die sie bearbeitet haben, vor.	M1–5	
4	PL	25′	Gruppen präsentieren die Arbeitsergebnisse ihrer Station im Plenum.	M1–5	

Erläuterungen zur Lernspirale

Ziel der Doppelstunde ist die handlungsorientierte Auseinandersetzung der Schüler mit den unglaublichen Leistungen, die die Ägypter beim Bau der Pyramiden vollbracht haben.

Zum Ablauf im Einzelnen:
Im **1. Arbeitsschritt** erläutert der Lehrer das Vorgehen für die folgende Stunde.

Er erklärt den Ablauf der Stationenrallye, bei der die Schüler im **2. Arbeitsschritt** von eins bis fünf zählen und so fünf Gruppen bilden, denen der Lehrer je eine der fünf Stationen zulost. An jeder Station liegen eine Stationenkarte, auf der die Arbeitsschritte erklärt werden, die benötigten Materialien und ein dazugehöriges Arbeitsblatt.

Die Schüler lesen die Aufgaben und klären mögliche Verständnisfragen untereinander. Nach ca. zehn Minuten gibt der Lehrer das Signal zum Wechsel und die Gruppen begeben sich im Uhrzeigersinn an die nächste Station. Dort arbeiten sie in gleicher Weise.

Im **3. Arbeitsschritt** bleiben die Gruppen nach Absolvierung der letzten Station sitzen und bereiten die Präsentation ihrer Arbeitsergebnisse vor.

Im **4. Arbeitsschritt** präsentieren die Gruppen an ihren jeweiligen Stationen die erarbeiteten Ergebnisse.

✓ Merkposten

Die Materialien für die einzelnen Stationen müssen besorgt und bereitgelegt werden:

Station 1:
Plastiktrinkhalme, Knete

Station 2:
ein kurzes und ein langes Lineal, 3 Radiergummis, eine Last (Paket Puderzucker, Kartoffel o.Ä.)

Station 3:
Sand, Paket Puderzucker o.Ä., Schnur, runde Filzstifte

Station 5:
Bauklötze

Tipp
Stationenkarten auf buntes Papier kopieren und / oder laminieren.

Notizen:

Station 1: Pyramide oder Würfel?

Baue dir das Modell eines Würfels und einer Pyramide.

<u>Du brauchst:</u>
Plastiktrinkhalme und Knete.

Vor etwa 700 Jahren vernichtete ein Erdbeben die ägyptische Stadt Kairo. Die nahegelegenen Pyramiden überstanden das Erdbeben aber unbeschadet.
Wie kann das sein?

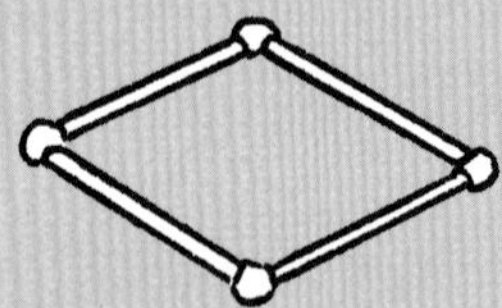

Baue zuerst einen Würfel. Verbinde für die Grundfläche vier Halme miteinander.

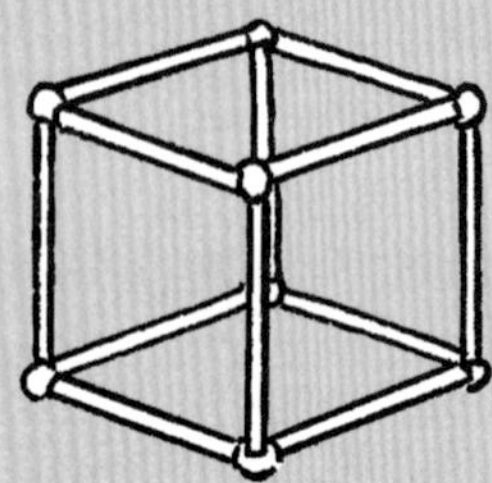

Baue deinen Würfel mit acht weiteren Halmen fertig.

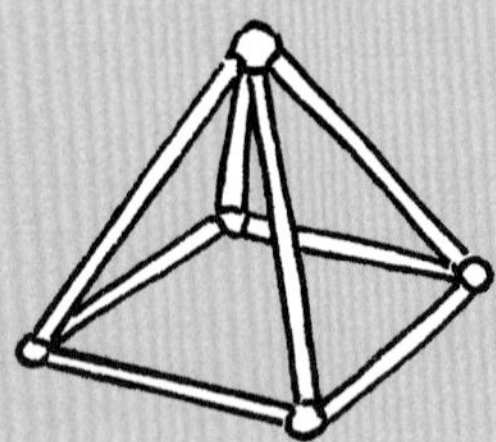

Baue nun die Pyramide. Verbinde wieder vier Halme für die Grundfläche und befestige an den Ecken vier weitere Trinkhalme, die du in der Mitte zusammenklebst.

Arbeitsblatt zu Station 1: Pyramide oder Würfel?

Drücke mit der Hand leicht auf die Mitte deines Würfels.
Was passiert, wenn du dabei die Hand vorsichtig nach vorne schiebst?

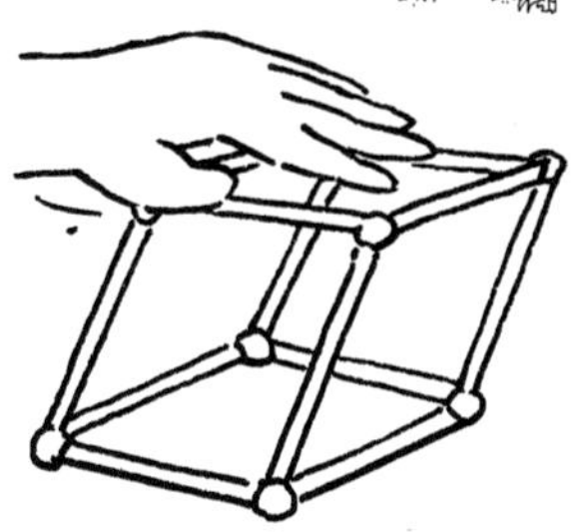

____

____

Mache das gleiche mit der Pyramide. Was stellst du fest?

____

____

Beantworte nun folgenden Satz:
Die Pyramiden blieben bei dem Erdbeben ganz, weil ______________________________

____

Station 2: Einsatz von Hebeln

An dieser Station kannst du selbst ausprobieren, wie man mit einem Hebel eine schwere Last mit nur wenig Kraft anheben kann.

<u>Du brauchst:</u>
ein kurzes und ein langes Lineal, drei gleich große Radiergummis, eine Last (hier: ein Päckchen Puderzucker)

Um eine Pyramide zu bauen, brauchte man sehr viele große Steine. Jeder Stein wog etwa 2,5 Tonnen. Das ist ungefähr so viel wie zwei Autos. Wie schafften es die Ägypter, diese Steine zu heben? Es gab schließlich noch keinen Kran.

Arbeitsblatt zu Station 2: Einsatz von Hebeln

Baue einen Hebel, wie das Bild zeigt, und lege den Puderzucker in die Mitte des kurzen Lineals. Drücke das Ende des Hebels herunter. Was stellst du fest?

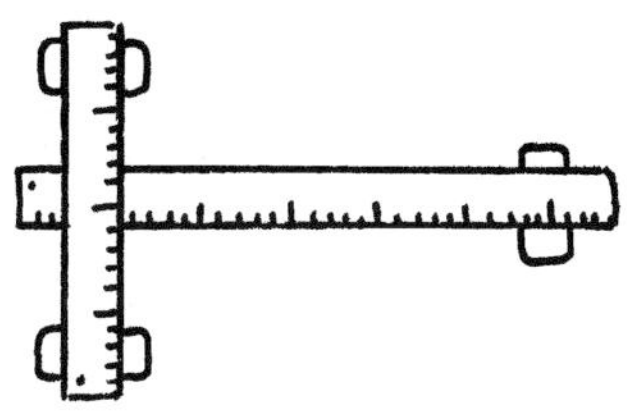

____

____

Schiebe den Radiergummi unter dem langen Lineal näher zur Last. Drücke wieder das Ende des Hebels herunter. Was stellst du fest?

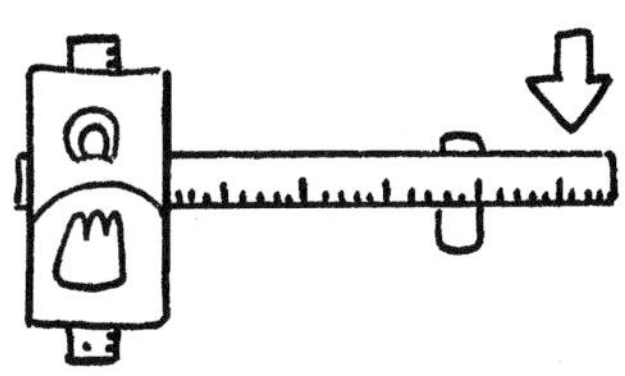

____

____

Hebe nun das Päckchen mit dem Puderzucker mit den Fingerspitzen an. Was fällt dir auf?

____

____

Station 3: Lastentransport

An dieser Station kannst du ausprobieren, wie sich große Lasten leicht transportieren lassen.

Du brauchst:
ein Paket Puderzucker mit befestigtem Bindfaden, Sand, runde Filzstifte

Die Ägypter wussten noch nichts von der Erfindung des Rades. Wie schafften sie es trotzdem, die riesigen, tonnenschweren Steine von einem Platz zum nächsten zu bewegen?

Arbeitsblatt zu Station 3: Lastentransport

Ziehe den Puderzucker an der Schnur über den Tisch. Was stellst du fest?

____

____

Verteile nun Sand auf dem Tisch. Ziehe den Puderzucker wieder darüber. Was stellst du fest?

____

____

Fege den Sand auf und schütte ihn in die Kiste zurück.

____

____

Lege nun eine Reihe Filzstifte auf den Tisch und ziehe den Puderzucker darüber.
Was stellst du fest?

____

____

Station 4: Ein Rekord aus der Frühgeschichte

Lies den Text und fülle danach das Aufgabenblatt aus.

Um die Pyramiden zu bauen, vollbrachten die Alten Ägypter erstaunliche Leistungen. Alle Rekorde aber bricht die Cheops-Pyramide.

Die Ägypter glaubten an ein Leben nach dem Tod.
Die Pyramiden waren die Gräber der Pharaonen. Hier wollten sie nach dem Tod ein neues Leben beginnen.
Die größte und bekannteste Pyramide in Ägypten ist die Cheops-Pyramide. Sie ist über 4500 Jahre alt.
Sie ist 146 Meter hoch. Die Seiten der Pyramide sind 230 Meter lang.
Es wurden 2 300 000 Steine verbaut. Jeder Stein wiegt 2,5 Tonnen, das ist so viel wie drei kleine Autos.
Viele Arbeiter und Sklaven arbeiteten 23 Jahre lang am Bau der Pyramide.
In manchen Zeiten halfen 20 000 Menschen beim Bau.

Arbeitsblatt zu Station 4: Ein Rekord aus der Frühgeschichte

Notiere die wichtigsten Informationen zur Cheops-Pyramide:

- Alter: ______________________________
- Höhe: ______________________________
- Seitenlänge: ______________________________
- Anzahl der verbauten Steine:

  ____
- Gewicht eines Steins:

  ____
- Dauer des Baus:

  ____
- Anzahl der Arbeiter:

  ____

Station 5: Bau einer Pyramide

Stelle dir vor, du hilfst beim Bau der Cheops-Pyramide.
An dieser Station kannst du ausprobieren, wie die Ägypter die Steine aufeinandersetzen mussten, damit eine Pyramide entstehen konnte.

<u>Du brauchst</u>:
Bauklötze

Zunächst mussten die Steinbrocken mehr als einen Kilometer weit vom Steinbruch bis zum Bauplatz transportiert werden, dann nochmals mehr als 100 m in die Höhe auf die oberste Steinlage der immer höher werdenden Pyramide.

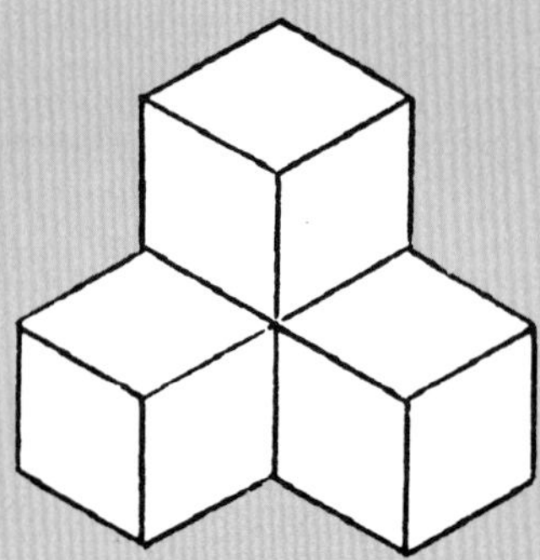

Steinzeit

LS06.M1 S. 27 f.

Winterlager	Sommerlager
Die Steinzeitmenschen richteten ihre Lager häufig unter Felsüberhängen ein.	Wo es keine Felsüberhänge oder Höhlen gab, bauten die Steinzeitmenschen Hütten und Zelte.
Dazu stellten sie rundherum Baumstämme an den Felsen auf und legten Zweige und Felle darüber.	Die Zelte bauten sie aus Holzstämmen, die sie oben zusammenbogen und mit Fellen abdeckten.
So gelang es ihnen, Wind und Regen abzuhalten.	Wenn es in der Nähe des Lagers nicht genügend Holz gab, benutzten die Steinzeitmenschen Mammutknochen und Stoßzähne als Stützen für die Zelte.
Das Feuer in der Feuerstelle war Licht- und Wärmequelle und schreckte wilde Tiere ab.	Die Hütten waren größer als die Zelte und bestanden ebenfalls aus Holzstämmen, die sie mit Zweigen und Lederstreifen bedeckten.

Ägypten

LS01.M3 S. 48

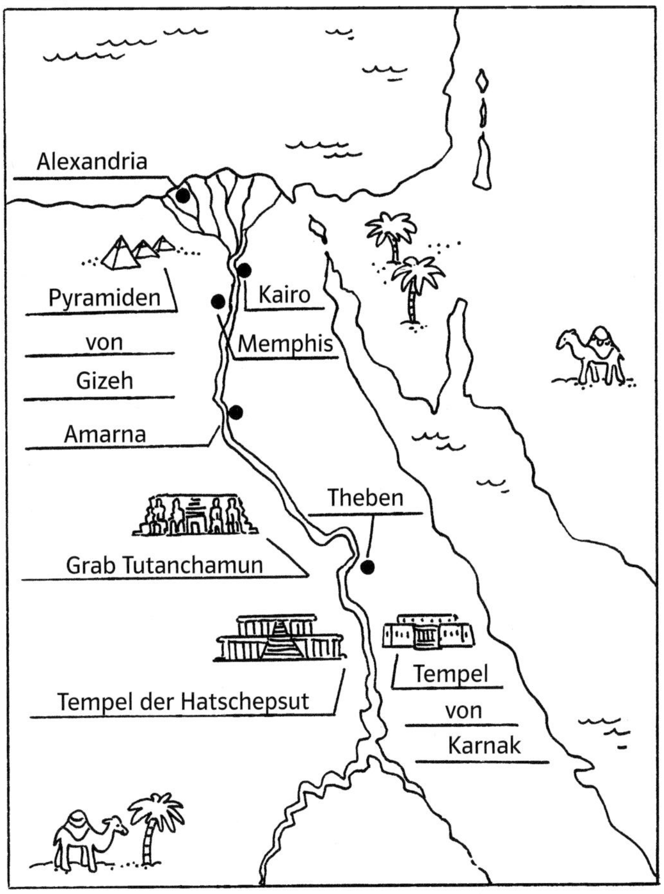

LS05.M5 S. 61 f.

LS09.M2 S. 75

Zunächst entfernen die Priester die inneren Organe und das Gehirn. Dann wird der Körper mit Baumharz eingestrichen.
Der gesamte Körper wird ganz fest mit Leinentüchern umwickelt, die ebenfalls mit Baumharz getränkt sind.
Zwischen die Schichten aus Leinentüchern und Bandagen werden Glücksbringer und wertvolle Schmuckstücke gebunden.
Jetzt bekommt die Mumie eine Grabmaske auf, die das Gesicht des Toten schützt.
Dann legt man die Mumie in einen schön verzierten Holzsarg.
Der Holzsarg wird in einen Steinsarkophag gestellt, der mit Bildern und Hieroglyphen verziert ist.

Doppelkreis (auch Kugellager): Die Schüler sitzen oder stehen sich in einem Innen- und Außenkreis paarweise gegenüber und halten sich wechselseitig Vorträge, führen Interviews etc. Die Hälfte der Klasse ist also mündlich aktiv.

Einzelarbeit (EA): Die Schüler sind bei der Bearbeitung des jeweiligen Arbeitsauftrags auf sich alleine gestellt und gehen in Stillarbeit daran, bestimmte Aufgaben zu lösen.

Expertengespräch: Schüler mit unterschiedlichem Spezialwissen kommen zusammen und tauschen sich zum einen oder anderen Thema bzw. Problem aus.

Expertengruppe: Dieser Begriff ist doppeldeutig: Von einer Expertengruppe kann zum einen dann die Rede sein, wenn alle Gruppenmitglieder parallel am gleichen Thema arbeiten und diesbezüglich zu Experten werden, eine Expertengruppe liegt aber auch dann vor, wenn die einzelnen Gruppenmitglieder Spezialisten für unterschiedliche Gebiete sind.

Feedback: Die Schüler geben Mitschülern oder auch Lehrern Rückmeldungen zu bestimmten Arbeitsphasen bzw. Arbeitsweisen. Das Feedback folgt bestimmten Regeln und sollte auf jeden Fall fair und ermutigend sein.

Gruppenarbeit (GA): Die Schüler arbeiten in Kleingruppen mit in der Regel 3–5 Mitgliedern zusammen. Die Gruppenarbeit kann aufgabengleich oder aufgabendifferenziert angelegt sein.

Kooperative Präsentation: Zum Abschluss einer Gruppenarbeit präsentieren zwei oder mehr Schüler das jeweilige Gruppenergebnis. Die Präsentatoren können ausgelost werden. Die Präsentation muss so vorbereitet werden, dass die betreffenden Sprecher in etwa gleichgewichtig zu Wort kommen.

Museumsrundgang: Die Schüler sichten alleine oder in Gruppen die im Klassenraum aushängenden bzw. ausliegenden Lernprodukte, holen Informationen ein und besprechen etwaige Unklarheiten.

Partnerarbeit (PA): Die Schüler arbeiten paarweise zusammen und berichten, helfen und unterstützen sich gegenseitig.

Plenum (PL): Arbeitsphasen, in denen die Gesamtgruppe der Schüler angesprochen wird – durch Lehrervorträge, lehrergelenkte Unterrichtsgespräche oder Schülerpräsentationen.

Stafettenpräsentation: Die Schüler stehen in gestaffelten Halbkreisen vor der Pinnwand/Tafel und heften ihre vorbereiteten Stichwortkarten nach und nach an. Jeder hat in der Regel nur eine Karte und muss von Fall zu Fall entscheiden, ob und wie er sich anschließen möchte.

Tandemarbeit (TA): Zwei Schüler arbeiten gemeinsam an einer Aufgabe. Sie lösen gemeinsam Probleme, halten sich wechselseitig Vorträge, unterstützen sich gegenseitig etc. (siehe auch Partnerarbeit).

Zufallsgruppe/Zufallstandem: Gruppen- bzw. Tandembildung mittels Abzählen, Spielkarten, Puzzlebildung, Namenskärtchen oder anderen Formen des Losverfahrens.

Zufallsprinzip: Grundsatz, dass bei der Gruppenbildung oder bei der Auswahl von Präsentatoren auf den Zufall gesetzt und ausgelost wird.

Touch – Turn – Talk: Regel zum verständlichen Präsentieren an einer Pinnwand/Tafel: „Touch" = zuerst wird etwas an der Tafel angebracht, „Turn" = dann dreht man sich bewusst um zu den Zuhörern, „Talk" = erst dann beginnt die verbale Präsentation

Weitere Begrifflichkeiten werden im Internet unter www.klippert-medien.de/glossar erklärt.